목련 꽃 피네

이종완 제 2시집

성원인쇄문화사

• 책머리에

오고 가는 길목의 모퉁이에 서서
욕심 다 내려놓은 듯이 멍하니 바라보는 눈길
높은 산 하나를 온전히 내려서는 느낌
한 생명이 열리고
그 그침을 바라보는 열락의 순간처럼
수줍음 가득한 바람 소리를 듣는다

겨울이 밀려난 자리에 폭설이 내린다
세상은 아직도 이런 역설을 버리지 못한다
솔숲에 그득한 눈들
그 속에서도 봄의 영혼이 꽃을 피운다
꽃향기 들려오기에 귀 쫑긋 기울이니
복수초 노란 웃음이 나를 홀리는 3월이다

또 다시 새로움을 맞기 위한
봄마중처럼 내 시업의 봄을 기대해 본다

제1부

11 _ 껍질

12 _ 상사화

14 _ 별처럼 내린다

16 _ 가을 이후

18 _ 다 맞는 말이야

20 _ 눈 내리는 밤의 노래

22 _ 해송당(海松堂)

25 _ 산 노을

26 _ 작별 없는 작별

28 _ 겨울꽃

29 _ 아름다운 이 세상에서

30 _ 동백꽃 편지

31 _ 꿈꾸는 손

32 _ 사랑을 기억하다

34 _ 골목길 단상

36 _ 하얀 목련

37 _ 떠나갈 결심

38 _ 믿음에 대하여

40 _ 다시 봄을 맞는 외로움

41 _ 닫았다

42 _ 우리 언젠가는

44 _ 문득 바다에서

46 _ 길을 찾아서

47 _ 우주(宇宙)

48 _ 차 한 잔의 욕심

50 _ 잃어버린 선물에 대한 기억

제2부

55 _ 하심(下心)
56 _ 천지현황 우주홍황
　　 (天地玄黃 宇宙洪荒)
58 _ 달빛에 젖은 새순
59 _ 꽃의 속내
60 _ 겨울 언덕에 서서
62 _ 비상
63 _ 사랑이라는
64 _ 묵호항
65 _ 언덕에 피어난 들꽃
66 _ 불타는 꽃노을
67 _ 새벽의 길
72 _ 제 허물
74 _ 무모하다

75 _ 달빛
76 _ 인연의 길에서
78 _ 바라봄
80 _ 믿음의 좌표
82 _ 불나방
83 _ 봄 강물을 따라서
84 _ 소중한 사람
85 _ 걸림
86 _ 홍련암
87 _ 꿈과 현실 사이
88 _ 상처
89 _ 복사꽃

제3부

93 _ 그의 등 뒤
94 _ 그리움의 나라에 눈이 내리면
96 _ 옷 한 벌
97 _ 봄 편지를 받아들고
98 _ 꽃무릇
99 _ 산에서 살면서
100 _ 불빛
101 _ 설송(雪松)
102 _ 떠나가는 꽃
103 _ 스텐 그릇
104 _ 별빛
105 _ 사랑의 의미
106 _ 미로
107 _ 그렇게 가는 길에서

108 _ 도(道)
110 _ 노을빛에 젖어
112 _ 눈길
113 _ 비례
114 _ 활(活)
116 _ 순간
117 _ 이별의 끝에 서서
118 _ 부끄러움의 깊이
119 _ 오래된 칩거
120 _ 강가에서
121 _ 일
122 _ 변화
123 _ 패랭이꽃
124 _ 사는 법

제4부

127 _ 송암리에서
128 _ 어설픔
129 _ 꽃 산딸나무
130 _ 봄처럼 다가온 너
131 _ 사랑법
132 _ 변명
133 _ 어제 그리고 헛소문
134 _ 하얀 소나무
135 _ 바람처럼
136 _ 다름
137 _ 슬픔
138 _ 단풍잎
139 _ 주문진의 아침
140 _ 아침 창을 열면서

142 _ 빗물처럼
144 _ 흔적을 살아
145 _ 겨울 이야기
146 _ 안목 바다에 서면
147 _ 경계
148 _ 블루
149 _ 발자국
150 _ 곶자왈의 봄
151 _ 눈부신 유월에는
152 _ 꽃은 어떻게 피는가
153 _ 바람의 성

제5부

- 157 _ 그림자
- 158 _ 노래를 부르면
- 160 _ 허명(虛名)
- 161 _ 슬픈 가을
- 162 _ 멈춰섰다
- 163 _ 흐름
- 164 _ 허난설헌
- 166 _ 바위솔이 있는 풍경
- 167 _ 나의 길 속에서
- 168 _ 부드럽게 흐르는 물처럼
- 170 _ 지나가버린
- 171 _ 가야할 곳
- 172 _ 관점
- 173 _ 꽃은 지고
- 174 _ 두견새야
- 175 _ 목련 꽃 피네
- 176 _ 겨울 사랑의 노래
- 177 _ 가을바다
- 178 _ 일출
- 181 _ 첫눈
- 182 _ 흔들린다
- 184 _ 순간을 위하여
- 186 _ 꽃잎으로 흘러
- 188 _ 오월, 희망이 피어나는 자리에서
- 190 _ 호수에 서서
- 191 _ 가을이 진다
- 192 _ 목련차 한잔

제1부

껍질

너의 단단함은
누군가의 부드러움을 위한
침묵의 요새였지

껍질이 단단할수록
그 안의 소중함은
더 깊어지고 단단해져서
상처조차 닿지 못하게
인내라는 방패로 감쌌다

그러다 때가 오면
내부에서부터 조용히 금이 가고
스스로 무너져내릴 때,
비로소 세계는
새로운 숨결을 맞이한다

여리지만 강인한
아주 자지만 무한한
희망의 씨앗이
어둠을 밀어내며 깨어나고
그 작은 틈으로
빛의 첫걸음이 스며든다

상사화

어디까지일지는 몰라도
그 어디라도 따라나서리라
무정히 떠나버린 발걸음 뒤로
겹겹이 흩어지는
한 움큼 새벽 별빛의 옅은 숨결 뱉으면서

초록 향기 청청하던 그 길을 걸으며
어디선가 눈부신 햇살처럼 스치다가
여여(如如)한 소식 한 줄 들려오거든
오랫동안 속삭이던 그리움의 노래도 스러져
까치발로 바라보던 그 길 끝
이젠 그만 잊었다 하리

흐르는 강물처럼 나도 그렇게 흐를 것을
짙푸른 담청빛 마음 허물어지고
선홍빛 너의 입술만 내 가슴에 선명히 피어나
빙긋 웃는 반달의 달빛을 마주하면
눈물 잃은 긴긴밤
발끝마저 시리다

서럽도록 깊은 오수(午睡)에 잠긴 나의 간절함에
추억에 물든 흑백 사진 속 그대는
순수한 미소로 시간을 머물게 하다가
서걱이는 가을바람에 기대어
사랑의 꽃잎들
바람에 부서져 날려버린다

별처럼 내린다

팽팽히 당겨진 금빛 햇살을 바라보면
맑은 웃음 방울방울 피어오르는
그대 생각이 꽃잎처럼 내려앉는다

길고 긴 시간
묵묵함으로 스며드는 사람
누군가의 마음속에 가볍지 않은 정을
돌탑처럼 차곡차곡 쌓아가는 사람

오가는 시선
스치는 인연들
그러나 때가 되면 가을이 저문 듯 피어나고
찬 서리 내려앉으면 단풍도 붉게 물드는 것을

그렇게 붉은 사랑 하나를 등불처럼 걸어두고
하늘바라기 같은 눈길로 곁을 지켜보는
시절이 흘러 더 애틋해진 단풍잎 같은 사람

가뭇가뭇 어둠이 촘촘히 내려앉는 시간
그 어둠 속에서야 선명해지는 별 하나

늘 곁에 있었으나 다가서지 못했던 그 별을

유성우처럼
내 가슴에 빗금 하나가 그어지고
그 빗금이 어둠을 가르며 새로운 인연의 길을 만든다
별처럼 내리는 그대의 고운 눈빛
조용히 내게로 스며든다

가을 이후

그래, 내 계획은 바로 가을 이후였어
본격적으로 무언가를 움켜쥐기 위해
아마도 그때가 적기일 거라 믿었지
기대와 설렘을 주머니에 넣고
시간이란 강물에 몸을 실었어

그런데 말이야
참 이상하지 않아?
시간이란 게 말이야
여유롭다 방심한 사이
어느새 발등에 불꽃이 튀더라

허술함을 털어내려
나 스스로 반박의 한 방을 노렸지
다들 느꼈을 거야
말하지 않아도 싸늘하게 번지는
그 시선의 무게를

굳이 반박하지는 않았지만
순간을 뒤집으려 발버둥 쳤어

포기는 안 했지만
우연에 기대어 필연을 기다렸지

그런데
난 늘 자유롭다고 착각했어
무언가가 손에 닿을 듯 닿지 않았지
번쩍이는 깨달음의 번개는
끝내 나를 찾지 않았고
그렇게 가을 이후는
아무 말 없이 저만치 사라지고 말았네

다 맞는 말이야

누군가가 날카롭게
내게 따지고 들면
나는 지쳐버린 듯
힘없이 중얼거린다
그래, 네 말이 맞아
다 맞는 말이야

그렇게 말하면
대화는 끝나고
남은 건 어색한 침묵뿐
눈치를 보는 것도
미련이 남는 것도 아니다
그저 더는
그와 숨결조차 섞고 싶지 않을 뿐

한 번 금이 간 마음은
쉽게 붙지 않고
상처난 가슴은
끝내 문을 닫는다
네가 아무리 두드려도

내 마음은 돌처럼 굳어져
너는 언제나 정답만 말하고
나는 늘 엇나가는 말만 하니까

이제는 끝
넌 더 이상 날 찾지 마라
맞는 말로만 가득 찬 네 세상에
나는 필요 없으니

눈 내리는 밤의 노래

유혹의 시간은
짧은 불꽃처럼 사그라지고
기다림은 끝없이 풀리는 낡은 테이프 같다
추억으로 봉인된 자물쇠에
녹물이 스며들 때까지

함께 거닐던 거리는 폐허가 되어가고
낡아버린 영혼의 집은 서서히 무너진다
그런데도 환상의 틈새로
눈은 조용히 내려
잊혀진 시간을 덮는다

창문을 열면
눈가에 뜨거운 파도 밀려와
더는 참지 못하고
약속 없는 해방의 순간에
나는 하얀 꽃잎들을 가슴에 얹는다

허물어져 가는 먼 풍경들 위로
파도 소리 같은 환청이

밤의 들녘을 따라 퍼져간다
사라진 꿈의 조각들이
새하얀 울림으로 되돌아오는 듯

타오르는 안개의 무리처럼
눈송이들은 흩날리고
무거운 침묵이 서로에게 포개질 때,
햇살이 스며들면
눈부신 균형의 반짝임으로
겨울의 화폭에
내 안의 열망을 그려 넣는다

해송당(海松堂)

뿌리 깊은 바람의 손길에 흔들려도
끝끝내 하늘을 향해 곧게 자라나는
그리움의 서원(誓願)처럼
사천의 푸른 바다를 품에 안고
해송은 매일 초록의 기도를 올린다

사람들이 얼마나 견딜 수 있는지
어디까지 버텨야 하는지
슬픔의 뿌리를 어루만지며
노을 지는 황혼 속으로 걸어 들어가면
애끓는 마음은
해송당의 침묵에 기대어 운다

황금빛 물결은 쉼 없이 흔들리며
절망의 그림자를 헹궈내고
파도는 푸른 손끝으로
가슴속 어둠을 천천히 풀어 놓는다
악마의 유혹조차 파편이 되어
물살 따라 사라져간다

하얀 등대에는
소망 하나를 별처럼 걸어 두고
붉은 등대에는
사랑의 깃발을 휘날리며
해풍에 마음껏 흔들린다
누군가에게 닿을 수 있다면
그 빛의 떨림조차 기꺼이 노래가 된다

너를 기다리는 시간이
내 삶의 가장 깊은 평온이었고
너를 떠올리는 순간들이
내 생의 가장 찬란한 빛이었다는 걸
너무 늦게 깨달았다 해도 괜찮다
파도는 아무 말 없이
철썩이며 위로의 손길을 내민다
그리고 나는
미소 한 조각을 물결 위에 띄운다

받아들임의 순간
땀 내음마저 바다의 소금처럼 달게 느껴진다

그것이 크레아상의 달콤함 때문이 아니어도 좋다
포근한 사천 사람들의 미소와
고객들의 다정한 말씨에 담긴
묵묵한 따뜻함 때문이라면 충분하다

부표처럼 떠다니는 작은 배들이
심해의 생명을 건져 올릴 때
해송당은 사람들의 마음을 건져 올린다
풋풋한 웃음 한 줌을 바다에 흩뿌리면
파도는 그 미소를 안고 멀리 퍼져나간다
사랑하면 보이는 것들이 있고
사랑하니 알게 되는 것들이 있다
이곳 해송당에서
그 모든 깨달음이
한 송이 해송처럼
단단하게 뿌리내리기를

산 노을

구름 너머 태양은
하늘의 정수리에 이른다
끝을 알지 못하는 듯
여유롭게 몸을 기울이며
긴 여정의 끝자락에서 피로를 쏟아내고
그 모든 흔적은 어둠 속으로 스며든다

발걸음은 저녁 품에 안기듯 고요히 내려서며
자연의 숨결 속에 마음을 맡긴다
붉게 물든 산이 그 품에 노을을 품으면
미소는 세상 모든 말보다 더 환하게 빛난다

세상의 소음 잦아들고
고요함 속에 모든 것 잠든다
귓가에 흐르는 속삭임이 따뜻하게 다가오면
바람은 부드럽게 내 몸 감싸며
맑은 숨결로 내게 전해진다

풀꽃 하나
그 미소로 내 마음 어루만지며
오늘의 끝은 또 다른 시작이 되어
고맙고 행복한 이 순간 가슴속 깊이 스며든다

작별 없는 작별

따스한 햇살 맴돌던 골목길에
새끼 고양이 감싸 안은 어미의 눈빛
방사형으로 집을 짓는 거미의 집념으로
시간은 부지불식간에 결을 쌓아올리고
피할 수 없는 목소리들이
아무런 예고도 없이 귓가를 스친다

작별의 인사나 머뭇거림도 없이
그저 균열처럼 스며든 이별은
떠나보내야 할 눈물조차 말려버린다
언젠가는 기억의 먼지 속에 묻힐지라도
함께 쌓아 올린 추억의 시간이 성벽에서
아무런 의식도 없이 해체되어 버릴 때,
반짝이는 인연들 사이에서
작별 없는 작별은
소리 없는 천둥처럼 가슴을 때린다

어떤 준비도
어떤 예감도 없는 채로
불현듯 찾아온 상실의 충격 앞에서

길고 긴 가슴속 시린 통곡은
시간의 터널에 무늬를 놓는다

사건과 사건 사이
틈새에 갇힌 하루는
절벽 같은 침묵으로 닫혀버리고
단절된 순간의 잔해가
메아리처럼 흩어진다

떠남에 대하여
그 사라짐에 대하여
작은 표지석 하나 남기지 못한 채
그리움은 바람에 휘날리고
이름 없는 깃발처럼
끝내 펄럭인다

겨울꽃

겨울이라고 꽃이 피지 않을까
하지만
겨울에도 꽃은 핀다

푸르름 간직한 형형색색의 꽃이 아닌
투명한 그리움으로 꽁꽁 동여맨 얼음꽃이
바람을 타고 흔들리며 짓는 괜찮다는 표정
하늘에서 하얀 겨울꽃들이 송이송이 날린다

가볍기도 하고 부드럽기도 한 저 눈꽃
따스한 온기가 그저 닿기만 해도 흘리는 눈물
겨울이라 해서 우리들의 마음에 향기가 없을까

아름다운 이 세상에서

꽃들이 피어나면
언젠가는 다시 지고 마는 것 아니겠는가
계절이 바뀌듯
새로움은 늘 낡음을 밀어내고
그 안에서 새로운 생명이 깃든다

밀알 하나 떨어져 썩어야만
새순이 초록으로 돋아난다고 하더라
생명이 다시 생명으로 이어지는 길
그 결코 끊어지지 않는 인연으로 맺어져
감사의 날들이 펼쳐진다

부족하고 아쉬움만 남긴 채 떠나는 추억
그리움이 성큼 다가서는 이유는 무엇일까
산딸기 붉게 맺히는 고운 유월
쓸쓸함만 가득할 줄 알았던 날에
그리움이 축제처럼 꽃 피운다

그리움 무성하게 자라나는 이 세상에서
꽃처럼 향기로운
너희들만 남겨두고 간다
늘 유월처럼 푸르러라

동백꽃 편지

말로 싸우려 한다면
그 말은 결국 너를 아프게 할 것이다

행동으로 승리를 쟁취하려 한다면
그 행동은 너를 지치게 만들 것이다

기세로만 덤비려 한다면
그 기세가 너를 무너뜨릴 것이다

그저 부드러운 몸짓으로
허공을 바라보듯
그저 고요히 기다리면 된다

보이는 모든 것을 지우고
들리는 모든 소리를 놓아주며
느끼는 모든 것을 부드럽게 풀어라
그대가 사라졌다고 느낄 때까지

붉은 꽃잎은 그곳에서 피어난다
아름다운 공간이 하나 열리며
평온한 순간이 찾아온다

꿈꾸는 손

단 한 번도 꿈의 길을 잃지 않고
뒤돌아보지 않으며 달려온 행복의 길

어리석음이라 할 그 시간도
바다에 밀려온 파도처럼
잠시 머물다 다시 돌아갔다
새로움에 눈을 뜬 시간은
매일같이 솟아오르는 아침의 첫 빛이었으니

꿈은 늘 꿈속에서
그 안에서조차 꿈을 그리며 기다리고 있었다

빈손이라 해도 그 또한
흙 속에 묻힌 씨앗처럼
언젠가 다시 땅을 뚫고 나오는 법
처음부터 바늘 없는 낚시를 던진 강태공처럼
구수한 삶을 꿈꾸지 않아도
어느새 가마솥에 눌어붙은 누룽지처럼
사람들 입 속에서 향기로 녹아들면 좋겠다

빵빵하게 부풀어 오르는 반죽 만지며
새로운 구수함으로 다가가고자 한다
늘 싱싱하게 팔딱 뛰는 사천 포구의 활어가 되어

사랑을 기억하다

사랑이 사랑을 잊는다

잊으려는 마음이 있어서는 아니다
그저 몰래 사라져간 시간 속에서
길을 잃고 헤매다 보니
이미 흐릿하게 증발한 기억들

슬픔뿐 아니라
가장 찬란한 빛을 내던 순간들까지
모두 흡수되는 끝없는 블랙홀 속으로

무엇을 믿을 수 있을까
지금 내가 걸어가는 이 길은
어디로
얼마나 멀리 나아가야 하는지
알 수 없는 꿈같은 걸음

사람에게 기대어 살아가지만
흩어져 떠난 기억들은 다시 돌아오지 않으니
앞으로 남은 시간 속의 기억들도

천천히 안개 속으로 사라질 것이다

기록만이 나아갈 길
잊는다 해도
기억을 붙잡고 살아가야 한다

날마다 새롭게 열리는 장막 속에서
매일 마주치는 얼굴의 파편들
그들과 함께 살아가려면
기록이 나의 유일한 등불이 되어야 한다

이것은 전쟁보다 깊고 치열한 전투
모두가 알지만 나만 모르는 내 모습
치매라는 깊은 늪은
끝없이 나를 삼켜 가고 있다

골목길 단상

그리움은 한 줄 문장만으로도
텅 빈 여백을 채운다

인생이 나열된 뒷골목
구불구불한 길의 끝에는
허름한 집들이 고요히 늘어서 있고
어수선한 전선들이 하늘을 가린다
낮은 전구들은 바람에 흔들리며
그 자리를 떠나지 못한 채 머물러 있다

밀려드는 어둠 속
집으로 향하는 발걸음은 가볍고 즐겁다
끝없이 밀려 다가간 곳
차가운 바람이 스치는 쾡한 골목에서
따뜻한 찐빵의 온기와
오래된 연탄난로 위에서
보리차가 보글보글 끓고 있다

어스름한 풍경 지우려는 듯
하얀 눈발 고요히 내린다

집으로 향하는 발걸음
함박눈 속에서 꽃걸음으로 변한다

지나던 바람 잠시 멈추고
깜빡이던 가로등 불빛
조용히 함박눈 속에 덮여간다

하얀 목련

길고 긴 겨울이었을까
그 시간이 지나고 나서야
봄이 곁에 다가올 수 있음을 알았다

언제쯤 봄이 올까 하며
기다리던 마음 속에
그만, 봄눈이 조용히 내리며
세상을 깨우기 시작했다

기다림은 배신하지 않는다
푸른 하늘을 수놓은 작은 별들처럼
맑고 고요한 순백의 향연이 퍼져간다

누가 먼저 피운 걸까
먹먹한 마음을 채우는 꽃몽우리
그래, 기다리던 봄이었구나
나를 보고 따뜻하게 웃고 있다

떠나갈 결심

팽팽한 긴장이 산허리를 돌아나갈 때,
흔들리는 나뭇잎은 떨며 속삭인다

속내를 감추는 법
누군가 가르쳐주지 않았다
그럼에도 나는 점차 터득하고 있다
가을은 그렇게
색에 물들어가는 법이니까

낚싯대 끝에서 퍼지는 전율 같은
은빛 찰랑거림이 떨어져 나간다
그 풍경 속
자유를 향해 미끼를 덥석 무는
그리움들 물고기처럼 파닥인다

믿음에 대하여

맑은 바람과 푸른 하늘을 닮아가는 가을에
조용한 깨달음이 쏟아진다
분노였던 표현도
사랑의 또 다른 모습도
새로운 의미를 만들어가며
역설은 여전히 마음을 흔든다

수없이 쌓인 기다림과 설렘을 지나
차오르는 눈물의 시간들
어떤 순간은 화를 내야 할지
그저 웃어야 할지 모르겠지만
표정을 숨기려 해도
마음대로 되지 않는다

부분이 전체를 가릴 때도 있지만
전체가 부분을 건너뛰는 순간
시간은 가끔 발을 헛디디게 하지만
어리석은 계절을 지나게 해준 것은 사랑이었다

돌아갈 길 막히고

어쩔 수 없던 선택들
그 변명은 이제 지우고
사랑 하나에 내 온 믿음 담아
기도하며 걸어온 길
내일을 향한 별빛 여정이
오늘 더욱 부드럽게 나를 맞이한다

다시 봄을 맞는 외로움

꽃잎 우표 붙인
선물 같은 봄편지가 도착했다

긴 겨울 밤 지내며
내게 써 내려간
그 향기로운 꽃잎들만큼의 사연들

잘 어울리던 시간도 있고
어쩔 수 없이
어울리기 어려운 날들이 다가왔다

내 표정에 숨겨 놓고 싶지만
어쩔 수 없이 흘러버린 날들

남들 눈엔 이미
오래된 나의 봄이 지나간 걸
알고 있겠지요
어떤 이유일까요?

그저 흘러가 버려
쓸쓸할 뿐입니다

닫았다

내 마음은 굳게 닫힌 책처럼
말없이 먼지 속에 잠들었고
생각은 닫힌 창문처럼
세상의 바람 막아버렸다

우정은 흙속에 묻힌 씨앗처럼
햇살 기다리며 잠들었고
나누던 말들은 고요한 강물처럼
흐르다 멈추어 버렸다

모든 것이 겨울 속으로 잠긴 듯
코로나는 거대한 폭풍처럼
세상을 가라앉히고 지나갔다

하지만 이제
긴 겨울이 지나고 봄 햇살이 비춘다
다시는 문 닫지 않으리
꽃잎처럼 부드럽게 다시 열어가리라

우리 언젠가는

언제쯤 다시 만날 수 있을까
그대의 따스한 햇살 여전히 내 안에 남아
긴 겨울을 견딘 꽃들 하나둘 피어나
그대 향기처럼 내게 다가오는데

우리 함께 걸었던 그 길
아직 낯설지 않다
그리운 듯 익숙한 거리
닫혀 있던 인연의 창문 열지 못해
편안함이 너무 달콤하게 스며든 걸까

그대 빈자리
무너질 듯 큰 공백이 내 안에
어떤 고단한 날에도 그대 떠올리면
감미로운 웃음이 그 자리를 채운다

아직 나는 상처받지 않았어
그대가 내 곁에 있기 때문에
멀지 않아
눈물따위는 내 앞을 가로막지 않지

사랑은 유통기한이 없으니까

유통기간만 변할 뿐
우리의 사랑 늘 내 기억 속에서
변하지 않는 작은 세상
다시 그대 찾아 나서지 않아
지금 그대를 떠올리는 이 시간만이 달콤해

언젠가 우리 또 만나
같이 웃을 수 있을 거야

문득 바다에서

문득 바다에서 끝없이 펼쳐진 수평선이
한때 파도처럼 밀려왔던 청춘 떠올리게 한다
그 시절 모든 것 흘러가듯 지나쳤지만
바다 밑에는 감추어진 암울한 계절이 있었다

길고 깊은 터널 속
희미한 빛조차 찾을 수 없던 날들
쓰라린 눈물 한 잔의 술로 삼키며
슬픈 노래를 부르고 싶었지만
그조차 사치였던 시간

어디로 가야 할지
무엇을 해야 할지 모르겠던 그때,
모든 것이 무의미하게 느껴졌지만
그대라는 등대가 내게 다가왔다
어둠 속에서도 별처럼 빛났던 그대가
나를 이끌어 다시 걷게 했다

시간은 느리게
하지만 꾸준히 흐르며

바다는 나를 품고
어머니 품처럼 그리움에 젖게 했다

고요히 바다만 바라보며
내가 지었었던 경계들 하나씩 허물었다
사랑이라는 파도만이 내 아픔 감싸주리라 믿으며
철썩거리는 물결 속에서 그리움의 노래를 불렀다

달빛에 반짝이는 바다
그 속에 내 모든 기억을 두고
이제는 수평선 없는 길 걸어가야 한다고 다짐하며
노을에 물들어
그대에게 다가가고 있다

길을 찾아서

기다림은 늘 내 손끝에 쥔 모래처럼 흘러내렸어
하지만 그저 흘러가는 모래를 지켜보지 않을 거야
너에게로 가는 길
이제 내가 그 길 찾을 거야
아무리 멀어도
아무리 험해도 떠날 거야
누군가 그 길 가리고자 해도
내 마음 속 그 길 여전히 선명히 남아 있어

다른 길은 보이지 않아
내 눈은 오직 그대 있는 하늘만 찾고 있지
너의 향기 그 눈빛
엷은 미소까지
모두 내 가슴 속에서 한 줄기 빛으로 남아 있어

추억 속 그대가 아니라
눈앞의 그대 만나러 가는 길
이미 지워진 길이라도
내 발걸음 다시 그 길을 따라갈 거야

우주(宇宙)

시작도 없고
끝도 없는
끝없는 바다처럼
그 크기 헤아릴 수 없는 곳
눈 떠도
손 뻗어도
그 깊이를 알 수 없는 공간

그 안엔 모든 것 가득할지 모르고
혹은 아무것도 없는 고요함만 있을지도
하지만 있음과 없음 사이에서
나는 먼 별빛을 보며 그 차이를 느낀다
닿을 수 없는 그곳으로
멀리서만 바라보는 길은 그렇게 멀고도 아득하다

알 수 없는 곳에서 왔지만
그 흔적 없이 스쳐 지나가는 존재
잠시 마음에 남긴 작은 노래처럼
언젠가 잊혀질지라도
그 순간을 기억하게 된다
그 안에서 느낀 고요함과 따뜻함을

차 한 잔의 욕심

그대를 보고 싶은 마음에
따뜻한 차 한 잔 청해 봅니다
그리움의 향기 조용히 퍼져 나오고
초록의 계절 눈앞에 아롱거리며
따뜻한 온기가 몸을 감쌀 즈음
내 작은 침묵이 부드럽게 눈 뜹니다

슬픔을 슬퍼하지 않았습니다
슬픔 속에서 기쁨을 찾지 않았습니다
슬픔은 그 자체로 고요하고
겨울 나무처럼
조용히 모든 것을 내어주고
그 슬픔과 함께 나아갔습니다

문득 부끄러움이 다가올 때,
오래전 새겨진 내 상처는
따뜻한 찻잔 속에서 서서히 아물고
잠시 입 안에 머물던 찻물이
조용히 예감을 전해줍니다

더 이상 욕심을 부리지 않으니
균열 메우려 하지 않고
떠도는 바람처럼 자유롭게
산만한 마음만 흔들며
자연스레 지나갑니다

겨울이 차갑게 펄럭이는 언덕에서
거듭 떠오르는 나의 무기력함 안고 가면
오래된 노래의 선율은 여전히 부드럽고
식어버린 찻잔은 그 자리에 남아
멈춰버린 시간의 옆자리를 지킵니다

잃어버린 선물에 대한 기억

어린 날 꾸던 꿈 이야기
이제 꿈 너머로 현실이 되어
불편하게 흔들리는 시선 끝에서
오래된 먼지 뒤집어 쓴 풍경이
시간의 낙서 속
조용히 집을 지키고 있다

피곤에 지친 어둠의 흔적들만
차창 밖에서 슬그머니 어른거리는 날
내 발끝을 따라 실타래처럼 풀려가던 길
지나온 계절은 바람에 흔들리며
붉게 물들고
세상에 드러내지 못한 은밀함 속에서
짙은 별빛만 고요히 반짝인다

삶의 의문이 묻고
답 없는 답 따라 펼쳐본 해답지
짙은 안개 속을 넘어선 산봉우리
입 다문 함성 속
겨울의 초입은 이미 맑다

이제 힘 합한다고 해도
시간은 길을 잃었고
허공에 흩어진 쪽빛은 노을로 물들어
슬픈 향기로 퍼져나간다

제2부

하심(下心)

놓으려 했던 것이
내 마음의 씨앗이라면
그 씨앗 다시 일으키려 하는 것은
바람에 흔들리는 꽃잎 같을 뿐

저기 갈 길이
풀잎 사이 번지는 햇살처럼
또렷이 보이는데
여기서 머뭇거릴 이유는 없다

별 하나 지워내고 나면
밤하늘이 더 넓어지는 것처럼
세상은 그렇게
감추어진 어둠 속에서
새로운 빛을 기다리고 있다

천지현황 우주홍황(天地玄黃 宇宙洪荒)

하늘은 검고
땅은 황혼에 물든 채
우주는 그 크기와 혼돈에 휘둘린다
우리의 시선 바닥에 닿을 수 없고
세상의 하늘 여전히 푸르다고 말하지만
그럼에도 '하늘은 검다'고 고백한다 나는

비 내리기 전
잿빛 하늘은 그림자 드리우고
그 안에 숨어 있는 푸른 하늘은
변화하는 낮의 숨결 속에 감춰져 있다
그래서 하늘의 진정한 얼굴은
밤의 침묵 속에서만 드러나는 법

낮은 태양의 불꽃으로 가려지고
세상의 빛은 빙글빙글 휘어져 그 진실을 잃는다
그래서 하늘이 검다는 말이 남고
밤하늘에만 고요히 흘러가는
변하지 않는 본질이 숨겨져 있다

천자문의 첫 글귀에서
깊은 물 속 숨겨진 철학의 진주를 찾는다
사람은 겉모습과 말을 통해 읽혀지지만
그 속에 숨은 생각은 밤의 별처럼
어디에도 놓이지 않은 채 홀로 빛난다

우리는 저 멀리 떠도는 별처럼
서로의 눈에 띄지 않으면서도
서로를 바라보며
그리움 속에서 헤매이는 존재일 뿐이다

달빛에 젖은 새순

가지마다 피어나는 새순
달빛에 부드럽게 스며든다
달빛은 고요히 흘러가며
새순을 감싸듯 다가와
바람의 속삭임 품어낸다

뿌리에서 올라오는 물
잎사이로 스미어
숲의 침묵 속에서
달빛과 함께 스며드는 밤을 만든다

자유는 언제나 가녀린 속박 속에 있지만
그 속에서도 나뭇잎은 조용히 떨리고
자신만의 길 찾아
세상에 녹아들어간다

꽃의 속내

분홍으로 피어난 꽃을 보다
어쩔 수 없이 꽃의 속내를 엿보았어
잎사귀 하나하나가 말없이 속삭이며
살랑거리는 바람에 몸 맡기고 흔들리지만
그 흔들림 속에서 뿌리 깊은 평온 잃지 않고
작은 떨림 속에 숨겨진 강한 직립을 나는 보았어

초록으로 흐르는 내 고백은
말없는 편지를 풀잎 위에 적어 가고
그 속에 새겨진 부끄러움
따스한 햇살에 천천히 말라가지만
아직 그 여운 바람 속에 남아
한동안 그늘을 떠나지 않겠지

겨울 언덕에 서서

내가 스스로 웃을 수 있어야
그 웃음 바람처럼 퍼져나가듯
내가 최선을 다해야 한다는 걸 깨달았다
눈빛부터 변해야 한다
보이지 않는 밀림 속 헤치며
자신을 채찍질해온 시간의 터널

겨울 언덕에 서서
나는 느낀다
흘러간 강물의 노래는 이제 사라지리라
꽃들 다 지고 난 뒤 찬바람에 흔들리는 것처럼
푸르름 기억하는 나무들 앙상하게 서 있다
계절 바뀌면 추억의 나이테가 새겨지고
새로운 꿈을 품은 발걸음 내딛는다
무디어진 감각의 통로 속에서
한 줄기 빛 구름 사이로 새어 나온다

버릴 수 없는 원칙이
내 삶을 감싸는 바람이었지
그것은 단순한 규칙이 아니었다

내 존재의 근원처럼
샘물같이 솟아오른 희망 속에서
변화를 부르며 나아간다
봄을 품은 겨울 숨결인 듯

너의 향기 속에 잠시 머물다
나는 내 마음의 향기를 바람에 실어 보냈다
잔잔히 잠들어 있던 호수처럼
꽃들이 감싸는 오늘 풍경은
내가 마주할 봄의 풍경이 아님을 알게 되었다

함께 있다고 공존하는 것은 아니다
노란 꽃잎이 너의 모습 아니듯
지금 보이는 정겨움도 한순간 꿈처럼 사라진다
햇살 맑은 지금
아쉬움 속에
먼 그리움을 떠나보내야 한다
겨울 편지 한 장
창가에 남겨둔 채로

비상

늘 차가운 웃음 흘리며 서 있는 너
내일이 궁금하지만 묻지 않겠어
답 안다고 해서 행복하지 않으니까
내가 찾아낸 길 따르며
천천히 조금씩 나아가면 될 테니까

오래된 기억이 내 머리카락을 잡고
다 잊었다고 생각했지만
내 마음 속에 아직 남아 있는 그리움은
말없이 내 마음을 감싸 안고 있어
그리움은 불꽃처럼 타오르는 게 아니야
그냥 속에서 따뜻하게 일어나는 느낌이지

세상의 모든 이들이 나를 잊어도 좋아
나는 나만의 작은 세계에서 세상을 다시 읽을 거야
희망은 마음 속에서 조금씩 자라는 싹 같아
조용히 한 걸음씩 퍼지는 향기처럼
내 가슴을 따뜻하게 감싸며
새로운 꿈을 향해 나아가고
그 꿈이 또 다른 길을 찾게 해줄 거야

사랑이라는

죽음처럼
불꽃으로 타오르고
그 불꽃에 손대면
따라 죽을 것 같은
이런 뜨거운 감정은
얼마나 깊어져야 할까

사랑이라는 건
어두운 숲속에서 길 잃고
눈앞에 비친 별빛 바라보면서
그 길 따라가다 보면 잡혀질까

두 손 마주 잡고
차가운 바람 속에
서로의 온기 나누며
흘러간 시간 담담하게 떠나 보내면
그리운 듯
입술에 맺힌 말들은
눈물로 흘러 내린다

묵호항

긴 밤을 품은 발걸음이 파도처럼 출렁이면
어화의 빛 속에 숨은 아버지의 고요한 땀방울들
그 속에서 희망의 씨앗이 자라난다

봄바람 속에서 꽃 피어나 듯
새벽 첫 햇살처럼 아버지의 얼굴 환하게 밝아진다
그가 돌아오는 길은 다시 시작된 꿈길
봄 향기 속삭이며 모든 것을 감싼다

무뚝뚝한 말 속에 숨어 있는 따뜻한 웃음
논골담길 따라 퍼져가는 소리는
좁은 골목 타고 바닷바람에 흔들리는 불빛처럼
어느새 바다 속삭임을 따라 나서고
바다로 향하는 이들의 눈빛은 차갑고 단단하다

하지만 그 속에 담긴 꿈은 변하지 않고 출렁인다
검푸른 물결 수평선 너머를 유혹하면
이미 풍경이 된 이들의 삶은
묵호항 반짝이는 별처럼 은은하게 빛난다

언덕에 피어난 들꽃

물안개 부드럽게 언덕을 감싸면
살랑이는 바람 속
들꽃들 은밀한 춤을 춘다

유월의 푸른 이마는 그들의 고요한 무대되어
꽃잎마다 사랑의 노래 스며든다
길 잠시 나타났다 사라지고
들꽃은 그저 웃으며 세상을 바라본다

마음 쓸쓸한 날이면 강둑길 따라
조용히 작은 언덕을 오른다
출렁이는 파도처럼 밀려가고
다시 돌아오는 내 마음
그대를 향하지만
그리움만
바람에 흩어져 가볍게 춤춘다

두근거리는 봄 지나갔지만
아직 남아 있는 서툰 발걸음은
사랑의 향기를 언덕 너머로 전한다

불타는 꽃노을

해 저물 때
강둑에 서서
하늘이 꽃처럼 피어나는 모습을 본다

푸른 빛 품은 저 멀리서
붉은 노을 꽃잎처럼 퍼지며 물들어 간다
그 화려함 내 마음에도 스며들고

가을 바람 물결을 닮은 손길
붉은 노을 담아 흐르면
내 마음 역시 그 물결에 속삭이며
저 멀리 꽃잎처럼 떨어지는 빛을 따라 간다

새벽의 길

새벽 열리자
꿈은 바람처럼 나를 찾아왔네
언젠가 이 길 따라오리라 믿었기에
향기 없는 꽃길이라도 나는 묵묵히 그리워했지요
바람 아무 말 없이 지나가며
그 길 위에서
고요히 나를 바라보는 눈빛을 보냈어

오시겠다는 말 없어도, 나는 매일 아침 길 쓸며
꽃들이 자신의 이름 묻지 않고 피어나도록 심었지요
깨고 나면
마음속 공허한 바다만 떠오르지만
나도 알지 못하는 이슬처럼
그 바다 속 피어나는 웃음

답답한 강 건너지 않으려는 마음은
더 담담히 머리를 빗고
옷 정리하며 그대에게 열어둔 창 닫을 줄 모르고
여명의 빛 속에서 잠시
나를 닦고 있을게요

빛

태양 떠오른 뒤에야 나는 나를 알았어요
빛이 스며들어 그림자가 자리를 잡고
그림자는 나와 함께
부드럽게 흔들려요

움직일 때마다 나의 모습 그려지는 그림자
늘 곁에 있지만 그 존재 자주 잊고 살아가는 벗
빛이 없다면 그 모습 보이지 않지만
빛 있을 때마다 따뜻하게 나를 맞아주는 그림자

생명 피어나는 곳에서 느껴지는 향기처럼
시간의 흔적 내게 머물 때, 사랑이 찾아오고
그 사랑 흔적도 고요히 그림자를 만들어가요

사라진 빛들 다시 모여 새로운 그림자 만들듯
우리 사랑도
아픔 뒤에서 다시 부드럽게 찾아옵니다

가로등

손 닿을 듯 늘 곁에 있지만
내 발끝은 그 길 향하지 못하고
발목에 걸린 기억 나를 묶어두네

답답하고 아플 때면 그 길로 돌아가고 싶지만
기다림은 그곳에 머무는 법 없어
다시 돌아갈 수 없는 곳으로 사라지네

단지 조금은 아쉬움 남지만
그 아쉬움마저 던져버리고 말지
굽어진 골목길 끝
가로등 하나 희미하게 깜박인다

그 빛은 다가설 수 없는 거리에서
나를 다시 한 번 비추네
어쩌면 기다림이란
빛을 잃지 않고
잠시 멈춰 있는 것임을 알게 된다

너를 위하여

그런 것이 있었지
늘 가까이 있지만 바람처럼 스쳐 가며
손끝에 닿지 않는
누구에게나 그런 한 철이 지나가고는 한다

슬그머니 떠나보내고 나서야
미련처럼 가슴 휘감는 그리움이
그 자리에서 온전히 나를 어루만진다

다를 수 없음이 그 다름을 메우려 할 때
푸른 잎들이 서로 다른 가지를 건너가며
길 잃은 별처럼
반짝임을 나눈다

인연의 끈 속에서 늘 마주하며
가까운 듯 멀리
서로의 그림자만 들여다본다
흐트러지지 않은 몸가짐 속에 세운 뜻은
흙 속의 씨앗처럼 잘 자라지 않음을 안다

노을 끝자락에서 붉은 감정이 밀려오면
그리움 깊은 바다처럼 가슴을 파고든다
길 끝에서는 새로운 허기와 함께
그대 눈빛을 따라 내 마음 또다시 흔들린다

알 것은 알고, 모를 것은 모를 나이가 되어도
산 너머 떠오르는 햇살을 따라가고 싶어
그저 아득하고
다가설 수 없는 꿈처럼
새로운 기운 품에 안고 다시 한 걸음 내딛는다

제 허물

남의 허물은 새벽 안개처럼 쉽게 드러나지만
내 허물은 그림자처럼 남모르게 스며든다
버거운 날들이 바람처럼 휘몰아쳐
뿌리 없는 나무처럼 흔들리며 살아간다

꾸역꾸역 밀려오는 안개의 끝자락
허용된 그 경계를 이미 넘어선지도 모르고
말의 깊이가 깊어질수록
허물어지는 마음의 구멍 더 깊어진다

믿음은 오래된 나무처럼 뿌리 깊이 내렸어도
허물어지는 순간은 바람처럼 스쳐 지나간다
단칼에 자르지 못하는 인연속에
무너져 내린 가슴을 다시 일으키는 건 어려운 법

어둠 속에서는 모든 것이 묻힌다
미망에 빠져드는 밤
그 고요함 속에
헛된 몸부림 멈추고 나면
그 속에서 새로 피어날 꽃이 기다리고 있다

감추려 할수록 드러나는 비밀들
그것들 모두 털어놓고 나면
그 속에서 담백한 진실 스며나오듯
내 안의 구수한 향기 다시 퍼져나간다

무모하다

참으로 무모하다
그러나 그것이 바로
내가 살아 있다는 증거

처음부터 모든 것 완벽했다면
모방은 바람처럼 흩어지고
발전은 그림자처럼 사라지리라

하지만 무모함이란
한 송이 꽃 피어나는 신비처럼
새로운 도전이자 길을 여는 빛이다
무모함을 넘어서면
그 길 위엔 환한 꽃길이 펼쳐진다

말 없음이 때로는 가장 깊은 대화가 되어
밖을 향한 시선들이
내면의 숲을 더 풍성하게 만든다

고통의 가시 밟지 않고서야
어찌 기쁨의 별빛 속으로 걸어갈 수 있을까
시간의 바람 흐르며
무모함의 날개를 펼친다

달빛

달빛을 따라 오래 걷다 보면
발걸음이 서서히 달빛처럼 부드러워진다
어둠 속에서 나누는 고요한 약속처럼
보여줄 것은 그대로 드러나고
감출 것은 자연스레 숨겨진다

세상에 가려져야 할 비밀 있을 때,
어둠은 은밀하게 그 모든 것을 감싼다
빛 속에서도 드러내야 할 것들
달빛 속에서 살며시 웃으며 피어난다

매일 밤
달빛은 자신을 바꾸며
부드럽게 세상 속으로 녹아든다

인연의 길에서

보이지 않는 마음을 들여다보려 했지만
멀리서 그 모습 흐릿하게 따라갔고
바람처럼 스쳐가는 그 길 따라
내 발걸음은 가만히 머물러 있었다

내가 내어주지 못한 손길 그도 기다리지 않았고
서로의 거리는 한없이 아득해져 갔다
껍데기만 보이는 그 사이
우리의 진심은 어딘가 숨겨져 있었다

고백해야 할 말들
먼저 풀어놓았어야 했는데
마음은 자꾸만 뒤로 미뤄지고
서로의 진심은 빛을 보지 못했다

마음 하나 읽어내는 일은
맑은 하늘을 바라봐야만 가능한 일
얽힌 실을 풀 듯 부드럽게
그 깊이를 알기 전까지는 스며들지 않는다

떠나가는 그리움 빛처럼 사라지고
아득한 길 위에
하나의 흔적을 남긴다
두 개의 마음 서로 다른 곳을 바라보면
그리움만 고요히 오가고 있었다

바라봄

길을 걷는 일 마치 흐릿한 안개 속을 헤매는 듯
점점 더 멀어지는 앞길에 나는 발걸음 떼기 어렵다

나아감에는 멈춤이 깃들고
뒤돌아봄에 여백이 있다
흔들리는 갈대처럼
바람 따라 좌우로 휘어지며
과거와 미래가 길게 엮인 실타래 풀어낸다
그 속에서 나아갈 용기의 무게를 실어본다

여정의 끝자락
마음속 슬픔은 차가운 이슬처럼 내려앉는다
그때, 민들레 한 송이 바람에 흔들리며
작지만 깊은 위로를 준다
그 움직임은 나의 흔들리는 마음 달래며
무심히 지나간 하루를 다시 또 품어준다

내가 지나온 길과
앞에 펼쳐질 길은
끝없이 이어지는 강물처럼 보이지 않지만

그 흐름 믿고 나아가면
새로운 지점에선 또 다른 내가 나를 기다리고 있다

소용돌이치는 감정은 여전히 내 안에서 춤 추지만
그 속에 묻힌 숨결 속에서
나는 나를 찾는다
흐름을 타고
새로운 길을 마주할 준비를 한다

믿음의 좌표

대칭과 비대칭이 그려낸 길은
멀리서 보면 어색하지만
어느 순간 두 선이 닿아
하나의 점으로 이어진다

수직과 수평이 만나는 곳에서
서로 다른 방향으로 흐르던 길
마치 잃어버린 조각처럼
한 곳에서 맞춰진다

일상의 흐름 속에서
그냥 지나치는 하루를 살아가지만
시간은 점처럼 흩어지고
어느새 길이 되어 다가온다

특별한 순간 앞에서
마음 잠시 멈추고
잡으려 해도 확실히 붙잡을 수 없는
애매한 시간 속에서
시선은 또다시 길을 찾는다

하지만,
어떤 풍파가 와도 흔들리지 않겠다고
따뜻한 햇살이 내리며 속삭인다
"너의 믿음이 내 길을 밝혀주니
나는 그 길 따라가리라"

불나방

내 발걸음은 바람에 실려 가듯 가벼워
어디로 향할지 모른 채
길 잃은 구름처럼
보이지 않는 길 위에서 나아가지만
그 길이 끝을 향하고 있는지는 몰라
돌아보니 안개만 남아있네

나의 마음은
손에 닿을 듯한 불꽃 같아
매일 조금씩 타들어가며 빛을 내지만
그 빛은 온전히 나를 비추지도
따르지도 않네
불나방이 불빛을 향해 날아가듯

세상의 흐름 속에서
나의 발걸음만큼 나아간다
불확실한 끝을 향해
마치 바람 속에 흩날리는 꽃잎처럼
자신도 모르게 그 길을 걷고 있다

봄 강물을 따라서

봄 끝자락에서
분홍빛 꽃들이 나에게 속삭이며 피어나
세상에 한 점 빛을 더한다

초록의 손길 가지 끝에서 춤추면
하늘은 그리움의 깊이를 안고
우리를 품는다

따스한 바람 말없이 향기를 보내면
편안한 풍경이 물 위를 가르며
고요한 노래처럼 퍼져간다

강물 속
작은 나룻배에 실린
하나의 꽃잎이 지나간다
그것은 인연의 이름을 닮은 잎새

닿을 수 없는 거리에서
그리움은 춤추듯 흩어지고
좁고도 넓은 인연의 길을
그림처럼 떠나간다

소중한 사람

소중함은
꽃 피어나는 이른 봄날 햇살처럼
서서히, 그러나 확실히 다가온다
평범한 꽃밭 속에서
눈에 띄지 않던 꽃 한 송이
어느 순간
세상의 모든 빛을 모은 듯
가장 찬란하게 피어나는 것처럼

그 특별함은
찬란한 별빛처럼
바로 그 순간에만 빛나
눈 감고서야 그 진가를 알게 된다

사소한 일상 속
작은 손끝의 떨림
그 하나의 미소에서
세상의 모든 소중함이 숨 쉬고 있음을
알게 될 때,
그 사랑이 시작된다

걸림

걸림이 없기 위해서는
수많은 걸림을 겪어야 한다
그 걸림 속에서 우리는
풀림의 미소를 배우고
자유의 날개를 펼친다

저 멀리 아득한 곳으로 가는 길은
한 번에 펼쳐지지 않는다
걸림의 숲 지나며
우리는 한 걸음씩
새로운 길을 찾아간다

꽃잎처럼 피고 지는 인연 속에서
걸림 없는 길 열리고
그 길 위에서 우리는
조용히 흐르는 시간을 따라
한 걸음씩 더 나아간다

홍련암

어스름한 달빛
어루만지듯 연꽃을 비추면
그 부드러운 빛 속에
잠든 이야기가 꽃으로 피어난다

안개 속에 묻힌 연향은
목탁의 울림에 잠겨
파도처럼 부드럽게 퍼져가며
하늘과 바다를 품는다

하얀 쑥부쟁이 흔들리면
그 작은 움직임 속에서
붉게 피어오른 꽃 한 송이
조용히 바다 위로 떠오른다

꿈과 현실 사이

시간은 작은 조약돌처럼
살며시 길 모퉁이를 지나며 흩어진다
햇살의 길 따라
작은 파도처럼 밀려오는 사연들이
부드럽게 감싼다

흐름 없이 나아가다 벽을 마주치고,
끊어진 실처럼 다시 이어보려 하지만
그 길은 끝없이 돌고 돌아
우리의 손끝에서 멀어진다

넘을 수 없는 벽 앞에서 절망하지만
그럼에도 다시 넘으려는 마음
다시 푸르러지는 새싹처럼 자라난다
그리고 꿈은 현실의 틈새에서
부드럽게 흔들리는 꽃으로 피어난다

상처

엉킨 실 풀듯
혼란 속에서 길 찾으며
서서히 아물어가는 시간이 있다

씨앗이 처음 뿌리 내린 땅에서
자라나는 나무처럼
모든 일이 꽃 피우기까지의 과정속에는
우리가 겪어야 할 것들이 있다

깊은 상처는 바람에 흔들리는 나뭇가지처럼
쓰러지고 부러지지만
그 자리에 새 순 돋아나고
흔적을 남기며 한 걸음씩 나아간다

복사꽃

바람 불고 어두운 날의 흔적 남기지 않아도
철 지난 옷들의 추억은 마음 깊은 곳에 묻히고
불안한 마음의 울타리 속에서 살아본 자들은
서로의 눈빛만으로도 이야기의 궤적을 읽을 수 있다

잠시 어색한 행복
산속의 고요 속에서도
계절은 흐르는 물결처럼 무심히 지나가며
시간 속에서 잔잔히 속삭이고
오직 사람만이 그 속삭임에 귀 기울이지 않는다

잠시 들뜬 기분이면
세상은 온통 봄비에 젖어 들고
산자와 죽은자 사이에서
흥얼거리는 노래 꽃처럼 피어나고
우리의 웃음소리 햇빛을 따라 퍼진다

봄볕 한 줌의 따스함과
서두르지 않는 고요 속에서
새싹은 땅속에서 한 걸음씩 내디디며
자꾸만 옥죄어오던 미련 떨쳐내고 가는
아름다운 여행길 그리움이여

제3부

그의 등 뒤

그의 등 뒤는 마치 든든한 성벽처럼
나의 세상에서 언제나 변함없던 존재였지
하지만 오늘
그 성벽 무너져 내린 자리에는
허공 가득 스며드는 쓸쓸함이 남는다

바람 흩어지지 않고
햇살 따뜻하게 내리쬐지만
비어버린 그 자리만큼 마음이 텅 빈 것처럼 아프다

사람을 믿는다는 건
뿌리 깊은 나무를 가꾸는 것과 같아
그 나무 흔들리면
땅속 깊이 박힌 뿌리도 함께 흔들리며
내가 지켜온 모든 것들 서서히 사라진다

그리움의 나라에 눈이 내리면

안개 속 홀로 걷는 발걸음은
길 잃은 나비처럼 부유하고
그 속에서 다가오는 무력감은
침묵의 바람처럼 나를 스치며 지나간다
누군가의 예언은 비와 같아
그럴 듯하지만
내 삶에 떨어지면 흙탕물처럼 엉뚱하게 변한다

네가 떠나고 난 후의 날들
적당히 아프고
적당히 눈물 흘리다
끝내 마침표를 찍고서는
그리움 붙잡고
떠나지 않는다

보이지 않는 바람 제 길 가듯
앞이 가려져도 길 사라지지 않는다
그리운 풍경들이 추억 속으로 사라지면
척박한 땅 위에서 가늘게 흘러가는 여린 노래가 되어
궁핍한 공간 속에서 북소리로 울리고

그 소리는 무거운 발걸음처럼
산길을 오른다

두드리는 소리의 벽 허물며
나의 길 하늘 위에 그려가고 있다
사랑의 여정 따라 날아가는 작은 새처럼
아무도 원하지 않는 답 손에 쥐면
그 답은 비행 마친 청둥오리처럼
강변에서 서걱이는 갈대 속에서 흔들리고 있다
끝없는 여정 속에서
나는 여전히 그 길을 가고 있다

옷 한 벌

마당에 걸린 옷 한 벌
햇살 속에서 말없이 펼쳐진 이야기를
빨랫줄에 걸려 바람의 속삭임으로 듣는다

마음도 그 옷처럼 넉넉해졌다고 생각했지만
아직 그 속에 담긴 옛날의 굳은 결심은
풀리지 않은 실타래처럼 남아
허청거리는 팔이 되어 말리지 않은 옷의 무게처럼 무겁다

몸과 마음은 이제
툭툭 털고 펼쳐진 소매 끝에서 고요해지고
붉게 물든 가을 하늘은
내 안의 그늘 감싸며 고요히 웃고 있다

봄 편지를 받아들고

침묵 흐르는 시간 속에서
찻물은 마음의 어두운 구석
조용히 달래듯 보글보글 끓고 있다
여린 차 한 잎 물속에 잠기면
마음도 그처럼 부드럽게 우러난다

텅 빈 여백 채우는 것은
붉은 노을빛이 보내는 작은 소식
떠나간 너의 음성 바람처럼
저물어가는 그늘 속에 숨어 있다

구속되지 않는 길을 향해
시간의 그늘을 인정하며
떠나는 발걸음 덧없는 그림자를 남길 때,
혼자서 돌아옴을 가슴으로 느낀다

봄 편지 한 장
얼떨결에 받아들면
메밀겼던 일성 새모운 비가 내린다
바람에 실려 온 꽃잎들처럼
은은한 별빛의 여백 속에서
꽃잎 속삭임처럼 견뎌라
여전히 견뎌라

꽃무릇

꽃무릇 바라본 후
세상이 한 송이 꽃처럼 피어난 듯
내 마음 가득한 자리 사라졌으리

붉은 속살
그 향기마저
달빛에 젖은 꽃잎처럼 흔들리리

다시는
꽃무릇
그 자리에서
바람처럼 떠나지 않으리

산에서 살면서

산 아래 묻어 둔
크고 작은 인연들
햇살에 꺼내어 다시 비출 필요 없다
그들은 이미 바람 속에 녹아들었으니

다가서는 인연 없는 곳
마주하는 일상 구름처럼 흘러가고
두 눈 동그랗게 뜨고
바위 위에 내린 이슬처럼 놀랄 일도 없다

버려두고 왔으면
눈 돌리지 말고
그저 산에서 철마다 거둘 일만 보라
고사리 같은 손길로
흙 속에서 자라야 살아간다

불빛

늦은 밤 길의 끝에서
작은 불빛을 만난다

그 부드러움과
어둠 속에서 웅크리고 있는 반가움이라니

불빛에 담겨진 뜨거움
나를 한 걸음 더 이끌어 가고 있다

잠시 멈춰선 발길에
숨겨둔 연서처럼 달콤하게 녹아드는 빛

평범함 속에 숨어 있는
희망의 등불이 내게로 다가온다

설송(雪松)

우둑우둑 관절 눌리는 소리
하얀 눈송이들의 역설 속에서
세상은 하얗게 그리움에 잠기고
솔가지 사이로 스미는 눈발

밤새도록 온몸 짓눌러도
묵묵히 푸른 솔은 버티고 있다
새봄이 오기까지는 멀기에
텅 비어버린 앞산을 바라보며
쩡 쩌정 숲을 울리는 설해목 소리

자신에게 얹어진 무게에도
굳건히 서서 백년의 세월 새겨가며
늦은 봄
폭설을 받아내고 있는 설송

떠나가는 꽃

가네가네, 떠나가네,
먼 길 떠나는 꽃잎이여
하나의 미소로 세상에 흔적 남기고 가네
한 모금 향기
공기를 채우다 사라져가네

들길에 내린 뿌리 속 숨겨둔 모든 날들
눈길 하나 없던 외로운 기다림이었지만
바람이 데리고 가네
별처럼 멀리 떠나자고
햇살이 몸을 감싸며 따스함을 나누는 날

웃음이 아직 빛을 품을 때 떠나는 거라면서
손 흔들지 말고
빛의 길 따라 떠나가자고 하네

슬픔이 아니라고
붉은 저녁을 품고 떠난다고 하네
새벽을 맞이할 길 따라
가자 가자 가자 하네

스텐 그릇

스텐 그릇은 수세미로
살며시 문지르면
햇살처럼 반짝인다고

스텐 그릇이 반짝이지 않는 건
사랑 없이 대충 닦았기 때문이라며
늘 빛나는 그릇을 자랑하던 어머니

다 낡아버린 나의 문장들을 오랜만에
수세미로 가만히 문질러도 반짝이지 않네
이제는 모든 것이 바람처럼 흩어져
대충 닦은 흔적만 남은 듯해

별빛

너무나도 멀고 멀어
닿지 않을 거란
그런 생각은 별처럼 사라지게 하자

도무지 넘을 수 없는 거리
짙은 어둠을 뚫고서
별빛은 바람처럼 내게 스며든다

나만 알고 있다고
생각하는 그 마음이
별빛처럼 밤을 건너
너에게 닿아 간다

사랑의 의미

말 한마디도 건네지 않아도
표정은 바다처럼 깊고
눈빛은 맑은 강물처럼 흐른다
그 곁에서 오래도록 서 있으면
마음은 꽃처럼 피어나는 법을 배운다

성의를 다해 내미는 손길
한 줄기 따스한 빛처럼 다가오고
복잡하지 않은 웃음이
바람 속 꽃잎처럼 부드럽게 펼쳐진다
그리움으로 가는 길은
비 오는 날의 무지개처럼 섬세하게 열린다

불편함 감내하는 것도
달빛에 비친 그림자처럼 고요한 즐거움이고
잊을 수 없는 일들은
밤하늘에 떠 있는 별처럼 사라지지 않는다
말없이 그 의젓함을 지켜가는 과정은
강물 속의 돌처럼 단단히 뿌리내린 행복이다

미로

때로는 감추고
또 때론 감추어진
말없는 진실이 길을 따라 흐른다

오랫동안 널브러진 사연들도 가끔은
멀리서 바라보아야만
그 속에서 작은 균열의 틈새가 보일지도 모른다

복잡한 것을 다 지워버리면
사슬처럼 엮인 미로가 드러날까
그렇게 누군가 지은 빚 없는 빚을
하나씩 갚아가며 이 길을 걷는다

그렇게 가는 길에서

강물 흐르는 소리 들으며
절망의 늪을 지나온 적이 있습니다
건널까, 아니면
이 지점에서 멈출까
갈림길은 없지만 선택의 기로에서
내 발걸음이 어디를 향해 왔는지 되새깁니다

내가 붙잡은 것은 무엇이며
자유로워진 것은 또 어떤 여유에서 비롯된 것인가
사랑을 향한 발걸음 점차 가벼워지고
조금씩 다듬어진 욕심은
새로운 가능성의 문을 두드리고 있습니다

조급함이 물러간 계절 뒤돌아보며
흐릿해진 시선을 밝힌
수많은 상처들에게 감사의 마음 전하고
못난 마음 천천히 다스리며
조용히
깊어가는 향기를 들이마십니다

도(道)

도를 도라고 말해줘도
그 도가 무엇인지 아는 이가 없다

도를 도로 받아들이고
그 길 따라 걷는 이들

천 번을 돌고 돌아
여전히 그 자리에 머무는 이와
단 한 번 흘러도 그 흔적을
자기 안에서 발견하는 이가 있다

빠름에 귀 기울이지 않고
조용히 제 길 걸어가는 이들이
남보다 훨씬 바르게 가는 사람들
그들은 목적과 방향을 알고 있기 때문이다

부지런함만 답이 아니다
때로는 무심히 흘러가는 것이
진정한 길일 수 있다
받아들이고 풀어내는 일은

자연스럽게 열리는 길 따라가면 된다

망망한 길 끝에 서서
재촉하는 마음 잠시 내려두자
새로운 인연의 문 열린다면
두려움 없이 맞이할 준비를 하면 된다

<u>흐르는 길 따라</u>
강물 천천히 흐르고
잠시 몸을 섞은 물줄기들은
저만치 떨어져 가는 법이다

노을빛에 젖어

사람이 석양을 향해
기도하는 마음으로 앉아 있을 때,
푸른 바다에서 축복처럼 불어오는
상큼한 바람 나를 감싸 안는다
그 바람은 마치 오래된 친구의 손길처럼
내 안 깊은 곳까지 스며든다

마을로 들어서는 좁은 골목길 따라
우르르 달려나가는 아이들
빛바랜 추억을 품은 노을 속으로
작은 별들이 되어 흐른다
탁 트인 전망 속에서
하루의 평온한 일몰에 잠겨들면
서로는 엽서 속 그리움이 되어
빛의 물결 속에서 함께 웃는다

화려하지 않은 일상들 속에서
오래도록 한 자리에 눌러앉아 지낸 이웃들
떠날 준비가 아닌
편안히 자리를 지키는 여유가 배어 있고

아직 늦지 않은 사랑을 만끽한다

서로 나누는 정은
따뜻한 집의 문을 여는 열쇠처럼
가볍게 나누는 저녁의 소박한 식탁 위로
다정한 눈빛이 반짝이며
노을빛에 젖어든다

눈길

잠시 머문 것은
꽃잎처럼 가벼운 너의 눈길
그 눈길은 바람 속의 꽃가루처럼
내게 다가와 흔적을 남기고 사라졌다

그때 바람이 불어왔고
그저 바람 때문이라 생각했지만
너의 눈길 바람을 따라
내 마음에 깊은 파문을 일으켰다

말하지 않아도
그 향기는 꽃이 피어난 듯
달콤하게 내게 다가왔고
햇살 반짝이며 스며드는 곳에서
나도 어쩌면 너를 향해
조용히 반짝이고 있었을지 모른다

고개를 끄덕이지도, 눈길 보내지도 않았는데
그 모든 것 말로 하지 않아도
느낌만으로 너도 나와 같은 감정
가슴 속에서 느끼고 있다는 생각이 들었다

비례

단순 비교가
어떤 의미를 가질까
어쩌면 그것은
하늘을 가르는 첫 새벽의 별처럼
그저 스쳐 지나가는 것일지도 몰라

너와 나, 너무나 다른 길 걷고
그려가는 방향도 제각각일 때,
능력의 차이가 아니라
우리가 품은 필요가 다를 뿐

너의 마음속에 숨어 있을 의지는
우아한 비례 속에서
꽃잎이 바람 타고 흩어지듯
자연스럽게 확장되는 이상적인 아름다움이다

합의되지 않은 가을 이별이
창가에 내려앉을 때,
그것은 새로운 부활을 약속하며
낙엽이 땅 위로 물러서는 이유가 된다

활(活)

봄볕 스며드는 웃음 너머에서
작은 음모처럼 시작된 일상들
그 모든 순간들 촘촘히 메워가는 발걸음은
내 안에서부터 천천히 끓어오르고
성급함 아닌 절제된 힘으로
서서히 달아오르며 굽이치는 흐름의 길
어디쯤 왔는지 가늠하지 않지만
그저 가야 할 길이기에 묵묵히 간다

생의 나약함을 봉인한 순간
보이지 않는 힘이 내게 생겨났을까
아니면 새로운 지류들이 합쳐져 흐르는 것일까
속성의 힘들이 서로를 묶어내며
자연스러운 몸놀림 속에서
살아간다는 것은
격류를 가르는 세찬 물살처럼
콸콸콸 흐르는 일
꿈이 꿈이었을 때,
참 그리웠다
하지만 꿈이 현실이 되면

그 순간 환희로 물든다

세찬 격류에 휘말리고 있어도
물 위를 걷는 법 이미 알아버린 그대는
은은한 종소리처럼 떨림을 남기고
더 이상 누군가 두드리지 않는 나의 저녁을
노을빛으로 붉게 물들여가며
부드러운 영역 속으로 떠난다

순간

고요한 바람에 흔들리는 나뭇잎처럼
눅눅하고도 오래된 시선 속에서
무거운 눈꺼풀이 살짝 떨고 있다

그 무엇을 깊이 바라보려 해보기도
일부러 멀리하려고 하진 않았지만
순간이 내게 다가와
손끝에서 떨림으로 피어난다

어떤 사물은
가까이 있을 때, 그 모습이 오히려
보이지 않는 안개처럼 흐릿하다

하지만 순간이 멈춰 서면
그 반짝임 속에 숨겨졌던 진실을 마주한다
그때야 비로소 모든 것이 새롭고
조용히 부드럽게 그 의미를 풀어낸다

이별의 끝에 서서

군불을 때야 할 것 같아
가을은 이미 깊었는데
누구에게도 위로받지 못한
쓸쓸한 내 마음이 아파서
오늘은 군불이라도 때야겠어

온기를 나누고 싶어
달빛이라도 흘렀으면 싶지만
찰랑거리다 어느새
스러져버리고 마는 밤
남몰래 훔치는 눈물이 쓸쓸해

빗살 무늬 문양을
내 가슴에 새겨 넣은 그대
흐르는 강물처럼 떠나버리고 난 뒤
솔숲 스치고 지나온 종소리만 뎅뎅뎅
내 가슴 울리고 가는데
움찔하며 가볍게 떨리는 고요 속으로
젖어서 스며드는 밤

부끄러움의 깊이

깊이에 대한
부끄러움을 모르는 이 부끄러움은
얼마나 안타깝고
아픈 것인가

겉으로 내세우고
자랑처럼 흘려보내는 안타까움
스스로도 모르는 채 지나치는 그 민낯

작은 흠결 하나도 남기지 않으려 했건만
허투루 흘린 실수들
그것들이 쌓여 가며
점차 깊어지는 수렁이 기다리고 있다

오래된 칩거

그대의 시작은
나의 마지막에 묻혀 있었고,
내가 떠난 자리에서
그대는 새롭게 발을 딛고 있을지도 모른다

노랑이 저물 때,
파랑이 그 자리를 대신하듯
붉음이 물든 끝에 초록이 피어날 것이라
그 누구도 알 수 없다

달 떠오르고
어둠 속에 숨겨진 비밀들 밝혀질 때까지

그대와 나
서로 다른 길을 걷고 있지만
어쩌면 그 길 끝에서 다시 만날 것이다

강가에서

소리는
소리의 발자국을 따라
스치듯 지나간다

저벅이는 발걸음처럼
바람의 속삭임 닮아
터무니없이 먼길 떠난다

나란하게 늘어선
평행선 같은 물길을 따라
끝이 보이지 않는 노래가
강물처럼 흐르고 있다

일

일은 끝없이 자라나는 숲의 나무처럼
그늘을 주기도 하지만
가끔은 길을 막는 가시로 다가온다
그래, 죽으면 그 나무는 사라질지라도
살아서는 뿌리를 내리고 자라보자

끝을 보고 나면
그 많던 가지들 그리워지리
내가 심은 씨앗들이 다시 떠오른다

눈앞의 일들이 있음은
내가 땅 위에서 살아간다는 증거
시간이 흐를수록 자라나는 나무처럼
그 성장을 즐기며 살아가자

변화

할 수 없음이 아니다
그저 흐르는 강물처럼
잠시 멈춰서는 법 배우는 것

섣부르게 먼저 나아간 길은
때로는 푸른 하늘을 가리는 구름처럼
우리의 시야를 막고
바람을 기다리게 한다

함께 생각하며 손끝에서 피어나는 꽃처럼
서로의 조화를 맞추고
작은 변화를 이루어가면
마침내 변화의 바람이 불고
새로운 세상 펼쳐질 것이다

패랭이꽃

나의 침묵은 더 이상
그저 조용히 흐르는 강물이 아니다
사랑이 떠난 자리를 채우는 것은
남은 한 줄기 바람처럼 아프다

청춘의 일기 속
희망이 아닌 고통만 남아
어쩌면 그 모든 페이지는
얼어붙은 꽃잎처럼
굳어버린 시간들을 품고 있을 것이다

하지만 그 작은 두려움 속에서
내 발자국은 갈기갈기 찢어지고
비 떨어지듯 작은 희망의 씨앗
흙에 묻히고 다시 피어나는 것처럼
그 희미한 빛을 따라,
패랭이꽃 한 송이 가슴속에 피어난다

사는 법

삶은 강물처럼 흐른다
우리는 그 속에 떠내려가는 작은 조각들
때로 흐름을 거스르고 싶지만
강물은 그대로
우리를 품으며 흘러간다

그대여 이 세상은 너에게만 그리 엄격하지 않다
그러니 스스로에게 칼날을 대지 말고
흔들림 속에서도 나아가라
그대의 발걸음이 이미 길 위에 있음을 잊지 말고

살아있는 것만으로도
그대는 이미 많은 것을 이룬 것이라
돌아보지 말고 흐름 속에 묻혀 있던
희망을 다시 발견하라

제4부

송암리에서

나는 어찌어찌
천둥소리에도 꿈쩍 않는 마음 하나 지닌
강철 같은 바위가 되고 싶었는데

너는 어찌어찌
무슨 꿈을 꾸고 이 깊은 골을 찾아들어
하늘을 잇는 한 그루 솔이 되었을까

골골마다 아카시 꽃 터지고
그리움의 빛들이 눈 뜰 때쯤이면
송암골 길을 따라 자주색 감자꽃이 춤춘다

어설픔

잠겨 있는 슬픔은 차가운 돌처럼 굳어 있고
어줍잖은 웃음은 그 돌 위에 녹은 눈처럼 흐른다
가끔 먼 하늘 푸르게 바라보면
내 마음속 흐린 구름 점점 더 짙어져 간다

무심하게 스쳐가는 시선 속
바람은 초록을 밀어내며
내가 감당해야 할 무게는
그 누구도 알지 못하는 비밀이 된다

무섭기도 하고
때로는 미워지기도 한다
한 번도 말하지 못한 그 마음은
역설적으로
가장 깊은 곳 가장 멀리 떨어져 있다
잘 지나가고 싶은데
그 길이 어설프게 비틀거린다

꽃 산딸나무

그 계절의 문턱에 서면
환한 분홍빛 미소가
조용히 손 내밀어 인사한다

기쁨의 무게 묻지 않아도
한 송이 꽃잎이 전하는 따뜻한 언어로
세상에 사랑을 속삭인다

그리움이 숨겨진 길목에
아지랑이처럼 부드럽게 날아오르며
벌과 나비가 따라오는 너의 시선

봄처럼 다가온 너

마음 하나가
건너가야 한다
그래야만 서로 닿을 수 있다

꽃잎처럼 살며시 펼쳐진
그대의 마음은 바람처럼 다가왔다
그 뜻 말하지 않아도
따스한 햇살처럼 내게 스며든다

기척 없어도
느낌으로 알 수 있다
봄처럼 그대가 그렇게 내게로 왔다

사랑법

웃음을 모른 채 살아와
눈물이 흐를 줄 몰랐습니다

사랑받는 법을 배우지 않아
사랑 주는 법도 알지 못합니다

꽃 피고
꽃이 지는 그 길
그 찬란함을 버티기엔 내 마음이 너무 연약합니다

그 길의 끝에서 피어난 아련한 향기는
내가 사랑을 모르는 이유를 여실히 드러냅니다

사랑이란,
마치 시든 꽃잎이 바람에 흩어지듯

그저 떠나보내는 것이 아닌
온 마음 다해 그 길을 걸어가는 법입니다

변명

돌아가야 한다고 생각했지만
길은 너무 깊고 어두워
뜻 세우고 그 길 위에서
시간은 흘러가는 그림자처럼 떠돌았다

진실을 진실로 받아들이지 못하고
욕심이라는 그늘 속에서
무거운 발걸음은 흩어지는 잎사귀처럼
세밀한 고요를 깨고 산산조각이 된다

주저함이 떨리는 바람처럼 내게 다가오지만
변명들을 풀어놓지 않으려 하니
어떤 말도 없는 그 침묵 속의 현실은
출렁이는 바다처럼 아픔만 밀고 온다

어제 그리고 헛소문

출처는 알 수 없었지만
누군가가 지어낸 이야기가 되어
마음 속에 새겨졌다
불편함 그 자체가
내 삶을 전부 끄집어낸 듯한 기분

기억 속에서 부끄러움은 찾아볼 수 없지만
마치 거미줄에 걸린 잠자리처럼
점점 움츠러드는 시선 속에서
날개를 휘젓고 있을 뿐

지난 날 되돌리진 못하지만
그날들이 여전히 몸속을 떠도는 한
끝나지 않는 속삭임
상처로 남은 하루에 스며들어 저물어간다

하얀 소나무

시간의 붓으로 그린 바다 풍경
하얀 소나무는 그 안에서 고요히
자신의 그리움 담아내며
깊은 울림으로 눈을 감는다

세월의 바람 속에 굽어진 몸짓은
끝없이 대지를 품고
하얀 눈송이 솔잎 위에 내려앉을 때,
그의 목소리는 바람처럼 퍼져 나간다

수평선 위로 올라오는 기억의 빛은
갈매기의 날갯짓처럼 사랑을 실어
파도와 함께 부르는 고요한 노래로
소나무의 마음을 따뜻하게 감싼다

바람처럼

아, 바람처럼 나도
너의 곁을 스치고 지나갈 수 있다면

아, 바람처럼 나도
너의 품에 몸을 실어 숨을 쉴 수 있다면

설렘은 이미
불꽃처럼 타오르고
뜨겁게 내 마음을 어루만진다

계절이 푸르름 속으로 흘러가도
내 가슴 속엔 여전히 차가운 겨울바람처럼 쓸쓸함만
남아있네

다름

우리가 같은 강에 발을 담갔다고 믿었고
누구라도 마음을 불꽃처럼 태우면
결과는 늘 같은 별빛으로 반짝일 거라 생각했다

그러나 한 가지 뿌리에서 돋아난 꽃잎도
저마다 다른 하늘을 품듯
같은 바람이 지나도 저마다의 춤을 춘다

서로 다른 계절을 건너왔기에
가슴속 빛과 어둠의 무늬가 다르고
말로 닿을 수 없는 다름이
하늘 끝에 흩어진 별자리처럼 펼쳐진다

슬픔

슬픔은 때때로
마음 깊은 곳에서 조용히 피어나
아무런 흔적 없이 스며든다

때로는 작은 의미로 반짝이고
때로는 모든 의미를 흩어버리지만
슬픔의 뿌리는 늘 같은 자리에서 숨쉰다

시간이 흐르고 나서야
덜어낼 수 없는 것임을 알게 된다
그런 슬픔은 벗겨내는 것이 아니라
그저 가만히 안아주는 것임을

단풍잎

너와 나의 추억은
시간의 서재에 꽂힌 한 권의 시집처럼
서서히 달아오른다

미처 전하지 못한 말들은
붉게 타는 노을이 되어
잎맥 사이로 조용히 흐른다

가을의 송별식에서
산들은 금빛 관을 열고
바람은 조율된 선율로 기도한다

그리고 너는
빛나는 낙엽 한 장 되어
계절의 끝자락에 조용히 내려앉는다

주문진의 아침

포구로 향하는 길 위에서
비릿하게 넘실대는 아낙들 웃음소리
아침 햇살에 부서져 반짝인다
철썩이는 파도 거친 숨결쯤이야
이미 익숙해져 더는 위협이 아니고,
해무에 감싸인 흐릿한 등대를 바라보는 눈빛엔
긴 밤의 떨림과 그리움이 서려 있다

밤새 안개의 기둥 속에서
찬바람과 맞부딪쳤을 펄떡이는 시간들
만선기 휘날리는 바람의 향기에
고단한 순간들을 가늠해 본다
무뚝뚝한 사내들 걸쭉한 어투 속에서
분주하게 살아 숨 쉬는 어판장의 풍경은
유난히 정겹고 따뜻하다

욕심을 부린다고 세상 바뀔 리 없기에
긴 침묵의 시간 눈빛으로 나누는 선원들
주어진 만큼의 사랑 기꺼이 받아들이며
매일을 감사로 채우고
기약 없는 푸른 아침 뜨거운 가슴으로 맞이한다

아침 창을 열면서

새로운 세상 여는
아주 작은 창 열리는 아침
투명하게 반짝일 때까지
깨끗이 닦은 창에 햇살 맑게 비춘다

매일 열어보는 눈앞 풍경도
계절의 변화를 따라
마음의 온도에 따라
제각기 다른 얼굴로 나를 맞이하고
새로운 바람 맞으며
오감 열리고 기운이 따스히 퍼진다

일 잘 풀려도 창을 열고
일이 뜻대로 되지 않아도 창을 연다
날 아무리 흐려도 창을 열고
날이 맑아도 아침 창을 연다
새로운 공기와 호흡하며
흐름을 바꾸어야 동력이 생긴다
변화의 틀을 찾으며
점점 더 겸손해지는 법을 배우게 된다

실패를 통해 배우는 겸손과
그 아픔을 이겨내는 방법을 알게 된다
왜 이런 일이 내게 일어났는지를 알아가는 길
실패는 그래서 성공으로 가는 지름길이라 했던가

욕심의 뿌리는 깊고도 넓어
행복이 발목까지 차오를 때,
그때 멈춰야 한다
가장 낮은 만족에서
스스로 멈출 수 있는 용기를 배우며

그 작은 기쁨으로도
충만한 기쁨을 나누며 살아간다
나머지 것들은 살아가며
채워가고, 즐거움을 나누는 것
가득 차오르는 삶의 향기는
빈틈 속에서 흘러 나온다

새롭게 오늘 아침에도
창을 연다
신선함이 혈관을 타고 올라
오늘 하루도 뜨겁게 열리고 있다

빗물처럼

흘러라, 빗물처럼
어제의 때 묻은 햇살 씻어내고
어둠 속에 숨긴 상처들 빛을 따라 웃음을 찾을 때까지
그 일이 없던 날
하늘은 푸르기만 했는데
그 일 이후 먹구름 부르고
비가 되어 흘러내린다

모두가 다른 눈으로 세상을 본다
넘어도 되는 선과 넘지 말아야 할 선이 있고,
하지만 지켜야 할 선을 넘어버린 후엔
주워 담지 못할 흔적들이 남고
그 책임을 짊어져야 해
결과는 천둥처럼 울려 퍼져
대숲을 넘어가며
그 소리로 진실을 쫓고 있다

지나가는 시간은 그냥 흐르는 게 아니야
눈은 먼 곳까지 날아가게 하고
가슴은 깊은 곳까지 묵직하게 헤아리게 하지

때로는 그저 흐르게 두어야 해
모든 것 쓸어 담으려는 손이 일을 망친다
흩어진 일상은 가판에 놓고
가끔은 그저 먼 산 바라보며
빗물처럼 흘러야 한다

흔적을 살아

흔적이 또 다른 흔적을 따라 흐른다
오래된 기억 속에서
기분 좋은 반전이 가을 햇살 머금고
붉게 물든 꽃잎 떨어질 즈음이면
모든 것이 드러났다고 생각했지만
여전히 숨겨져 있다

양파껍질 하나하나 벗겨내듯
새로운 반전이 눈물처럼 흐르는 이상한 드라마를 써간다
누구도 자유롭지 못한 길 위에서
말로 다 표현할 수 없는 궁금증 품고
그저 조용히
물음표 없이 돌아서 간다
물어보면 후회할 것만 같아서
끝을 알 수 없는 미련만 남겨두고 흔적을 지운다

들길 따라 피어난 꽃들
흔들림 속에 부끄러운 마음을 비춘다
따스한 봄의 온기가 다시 퍼져가는 지금
그때 만지지 못한 그대의 온기를
이제야 느껴본다

겨울 이야기

가을을 곱게 접어 둔 겨울은
가지마다 잎새 무성했던 여름을
붉은 나뭇잎 배위에 띄워 보내고
들꽃의 노래 흥얼거린다

빈들 속 허수아비 손짓 따라
작은 별들이 나란히 줄을 서면
고향 떠난 소식 내려앉은 우체통은
빨간 그리움 담은 홍시로 익어간다

뜨거운 시간들 밥솥에서 박박 긁어
구수한 누룽지로 나누어 먹어도 좋으련만
문틈에서 팔랑거리는 바람 세차게 밀려들어
가만히 아랫목에 발 묻고
발가락만 꼬물꼬물

갚아도 줄어들지 않았던 우리 집 빚처럼
녹을 만하면 또 내리며,
긴 겨울 내내 쌓였던 눈들은
한 해의 그 긴 긴 날
다하지 못한 이야기인가 봐

안목 바다에 서면

떠난 뒤에야 빛 다 갚은 마음이 들었지
앉은뱅이로 내려앉은 많은 날들을
기둥처럼 받쳐 들고 있는 너에게
새롭게 할 말을 찾아 나서는 길

누군가의 울먹임이 푸르게 출렁거리는
안목 길 걸어가며 바다를 바라보면
저마다 감고 가야 할 나이테는 둥글고
오래된 추억의 기둥 사이로 태양이 뜨겁다

서투른 마음으로 그려낸 그림 속
큰 빛 내려서는 상서로운 터
바람의 손길로 피워낸 꽃송이가
흘려보내는 향기에 다시 열리는 마음

새롭게 한통속 되어 나를 유혹하는
민들레 홀씨의 눈부신 흩날림이 반가울 때,
마지막 허물 모두 벗어버리고 가는
갈매기들의 노래가 파도에 실려온다

경계

경계를 설정하려는 것은
그 안에서 고요히 머물며
희망에 찬 내일을 그리기 위함이라네

번잡한 시간들 공중에 던져놓고
어려운 길 걸으면서
눈에 보이지 않는 단단함을
마치 깊은 뿌리 내린 나무처럼
땅속에 차근차근 박아간다

경계를 벗어난다는 것은
모든 것을 허물고
버려진 평안의 조각들 바라보며
닳고 퇴색한 희망 되찾으려는 여정
오래된 책 펼쳐 다시 읽듯
잃어버린 믿음을 되살리려는 마음

블루

푸른색은 왜 자꾸만
나를 깊숙하게 끌어당기는지
때로는 구름 속으로
꼴딱하고 숨어버리고 싶은데
슬픔의 여백 속에서
내 모습 그만 드러나게 한다

아릿한 시간의 틈새에서
영원의 그 광활한 순간을 엿본다
고요한 환상 속에 젖어들며
흐릿한 블루의 바다로 스며든다
찬란한 햇살 속에서
보이지 않던 물결이 속삭이는 듯

더 이상은 수첩을 꺼내지 않아
기록하지도 그려내지도 않을 정적이
푸르게 내 안에서 반짝이고 있으니
내가 바다라면
그 속에서 헤엄치는 별처럼

발자국

일이 잘 풀려간다고
늘 그 속에서
기쁨과 행복이 함께 찾아오지는 않아

선택의 순간에 서면
누구나 마음이 조급해져
하지만 선택의 결과는
씨앗을 뿌린 땅에서 자라나는 나무처럼
스스로 자리 잡고 뿌리내리게 된다

지나온 발자국
누구도 지울 수 없으니
바다에 그린 선처럼
파도에 흔들려도 영원히 남아
그래서 꼭 책임져야 할 나의 발자국

곶자왈의 봄

매서운 바람 불어오면
더욱 짙어지는 풀잎처럼
불멸을 태우는 푸른 불
그 불꽃 속에서
나무의 숨결 다시 시작된다

늦지 않기를 바라는 염원으로
훨훨 타오르다 꽃으로 피어
어둠 속에서 길 비추는 별처럼
신령한 땅에서 일어서는 봄빛

어리석은 시간의 첫걸음 떼며
기억 너머의 돌무지 건너면서
변덕스러운 눈빛으로 관망하는 날들
그 속에서 나의 발자국은
잊힌 시간의 그림자가 된다

갈림길 막 돌아 나오면서
뜨거운 기운 온 몸으로 받아들이며
기다림의 고백 풀어 놓은 땅
그 땅은 이제
나의 뿌리와 연결된 곳

눈부신 유월에는

꽃잎으로 읽는
너의 슬픔은
늘 나의 눈물
시간 속에 스며든 첫눈처럼
따스한 기억이 남아 흐른다

얼어붙지 않는
손 편지 떨림처럼
서두르지 않는 선택들
그 속에서 여유롭게 피어나는 이해는
맑은 바람에 흩날리는 꽃가루처럼
천천히, 그러나 확실히 퍼져간다

사방으로 흩어져 나가도
근원을 잃지 않는 샘물처럼,
어두운 밤에도 그 빛을 따라가며
비틀대지 않는 마음 하나 밝혀들면
굳건한 등대의 불빛처럼
어디서든
언제나 나를 이끌어준다

꽃은 어떻게 피는가

산이 앞에 있으면 산 넘고
강이 앞에 놓여 있으면 강을 건너자
그렇게 벽이 있으면 벽을 넘는다
닫힌 문 열고 나가는 빛처럼
어둠 속에서 길을 찾는 별이 된다

산이 있다고 산을 둘러가고
강이 있다고 강물 앞에 멈추어 설 수는 없다
넘어가고 건너가는 마음 속에서
꽃들은 피어난다
그 꽃은 꿈의 손길이다

안된다고 하는 마음 다 버리고
가야 하는 길 향해 똑바로 걸어간다
사랑도 미움도 훨훨 떨치고 가는 길이다
그 길은 바람에 떠밀려 흐르는 강물처럼
앞만 보고 흘러 결국 바다에 다다른다

된다고 하는 마음 속에서 피어나는 꽃
가면 길이 되고 뜻은 향기로 피어난다
그렇게 길고 긴 겨울 뚫고서
꽃들은 피는 것이다
그 꽃은 시간의 열매다

바람의 성

뿌연 숨결 스미는 외딴 섬
느릿한 오후 빛마저 말없이 시들면
바다는 조용히 무너지고
바람도 넘지 못한 작은 언덕 위로
잊혀진 이름 실은 날개들이 떠돌아요

숨비소리는 멀리서 들려오는 옛 노래 같고
사랑 잃은 나무들은
고요히 제 그림자를 껴안은 채
수평선 끝을 오래도록 바라보죠

기적은 이제 오지 않아요
다만 지나간 마음들만
말없이 천천히 아주 부드럽게
바람에 쓸려 성벽 사이로 흩어질 뿐

제5부

그림자

한 번도
끌고 다니지 않았는데
늘 곁에서
발끝에 닿은 듯
나와 함께 걷는다

실루엣으로
길어졌다
짧아졌다를
한 줄기 빛처럼
반복하며

말 없는 말을
손끝으로 건네고
서로의 거리가
눈길처럼
가까워지지도
멀어지지도 않게 유지하며

노래를 부르면

이미 안달이 난 고양이처럼 마음은
자리 잡지 못해 선반 위를 이리저리 돌아다니고
반짝이는 눈빛은 한 곳만 향한다
밤하늘 떠도는 별처럼
영원을 꿈꾸며 그 길 찾고 있다

잔잔하게 음악 흘러내리고
금발로 흔들리는 너의 머리칼에서
부드러운 떨림을 마주한다
그 떨림은 바람에 흔들리는 꽃잎처럼
어디로 날아갈지 모르지만,
결국 나에게 닿는다

손에서 손으로 전해지는 작은 감각들
믿음의 시간이 전해주는 사랑 때문에
새로운 희망 순풍을 따라 달려나간다
그 순풍은 미지의 땅을 향한 항해처럼
우리를 이끌며 계속해서 나아간다

가슴 찢어질듯한 슬픔을 마주할 때도

하염없이 주저 앉아 울고 있을 필요는 없어
거리를 걸으며 노래 부르고 멍 때려도 좋아
그 노래는 비 오는 날 창문을 두드리는 소리처럼
슬픔 씻어내고
새로운 아침을 부른다

잃어버려야 한다면
아직도 잃어버릴 것이 남아 있다면
다 잃어버려도 좋다는
가벼운 마음으로 웃어봐, 그러면
이미 두려움 사라지고 콧노래만 흘러나와
그 웃음은 마치 별빛처럼 밤하늘을 채우고
어둠 속에서도 빛을 잃지 않아

허명(虛名)

뭉툭뭉툭하고 거친 내 발끝에서 내리는 가을비
그것은 내 마음에 떨어진 무거운 눈물처럼
얇아진 검은 하늘에 구름 둥실 떠가며
그대의 이름이 바람에 실려 떠도는 꿈처럼 흐른다

기다리지 않았던 오래된 숨죽임 밀려들 때,
진짜가 아닌 이름 뒤에 가만히 숨어있는 그림자는
어둠 속에서 미로처럼 길을 잃은 나의 발자국처럼
멈추지 않고 내 마음을 따라 춤춘다

다른 영역을 살아가면서도 웃을 수 있는 이유는
그대가 멀리서 나를 바라보고 있다는 믿음 때문입니다
빛을 구분할 수 없는 어둠 속에서
싸울 수 없는 진실 향해 부서지는 빛줄기는
깨진 유리조각처럼 찬란하게 흩어지며 나를 덮는다

소리의 방향을 향해 몸 틀며 사선으로 흐르는
여린 빛을 향해 내밀어 보는 작은 손
물어보아도 대답할 이야기 더는 없는데
이름만 남아
잃어버린 열쇠처럼
습한 나무 틈새를 오르는 도마뱀처럼 새로움의 몸짓이
서툴다

슬픈 가을

짜릿한 전율 스치고 지나가는
긴장된 순간의 자국이 나를 깨우는
늘 착각 속에서 살아가지만 묻혀 있는 순간들
있음과 없음 사이에서 오락가락하는 내 마음은
흔들리는 등불처럼
불안정하게 타오르며 흔들린다

정말 여기까지인가 떠올리며 멈춰 서서 살피면
부끄러움이 나를 지금 여기에 멈추게 하였구나 하고
깨닫는다
어느 누구도 나에게 확신의 답 주지 않았지
오른쪽인지 왼쪽인지
아니면 돌아서 가야 할지도 모르겠지만

바다로 나가는 길 끝에 서고 나서야
세상을 잠시 훔쳐본 마음 훌훌 던져버린다
시간의 간이역을 스쳐가며 피어나는 꽃들 사이로
그토록 보고 싶어도 보이지 않던 길들과 마주하고
가던 길 멈추고 선 자리에서 오래도록 지켜보면
불빛 잔잔한데 어둠 밀려 오면서 출렁거리고 있다

멈춰섰다

딱 한 순간이었고
단 한마디였다
그리곤 시간이 멈춰 섰다

지금까지 달려온
모든 길들 사라지고
노력한 모든 것들 의미를 잃는다

무엇으로도 설명하기 힘든
어떻게 피해갈 수 없는
순간에 갇혀버렸다

그냥 주저앉을 수도
다시 일어설 수도 없는 어색함은
바람 멈춘 하늘처럼
그 간극에서 잠시 멈춰 서야만
다시 새로운 걸음을 옮길 수 있다

흐름

작은 흐름이 커다란 강을 끌고 간다
설핏 이해하기 어려운 길이기도 하지만
수많은 갈래 중 하나의 물결 따라가는 여정
본시 인연은 바람처럼 밀어낼 수 없는 것

아무것도 아닌 나의 고통도 바다처럼 깊어
남의 아픔을 함부로 읽지 않으려 했어
꿈꾸는 것조차 먼 별처럼 닿기 어려운 일이고
어차피 우리는 모두 별빛처럼 흩어져 살아가니까

주저 없이 덤벼드는 것은 어쩌면 날개 없는 새처럼 무모할지도 몰라
하지만 날아보지 않고 포기한다면
평생을 두고 더 크게 철새의 길을 잃은 듯한 후회를 남길지도 몰라
그렇게 흐르는 것은 저마다 바다로 흐르는 강물처럼
목적지에 이르기 위한 끝없는 항해를 한다

순서를 지키며 꽃이 피어나듯 풀어내야 한다고 생각했지만
그 틀에 갇혀 꽃잎이 떨어지지 못할 때가 있었지
한 생각 지나고 나서야 순서를 바꾸는 것도
꽃잎 하나씩 떼어내는 것도 틀리지 않음을 깨닫게 된다

허난설헌

주저 앉음이 어찌 가당키나 한 일인가
내가 나로서 살아가는 일
내가 남으로 살아갈 수 없음이
나를 주저하지도 망설이지도 못하게 한다

담장을 넘지 못하는 능소화의 발걸음이
어찌 그리도 나와 닮았던지
한 걸음도 옴싹달싹 못하는 처지인 것을
무엇을 향해 뜻을 펴고 길 나설 것인가

시간의 집이 둥그러져 갈 때쯤
세상은 모질게도 서러움의 깊이 더해가고
돌이킬 수 없는 시련의 사슬을 씌우네
담장으로 둘러쳐진 조선 여인의 비애

아득한 세상의 선도를 꿈꾸었으되
현실의 벽을 단 한 푼도 벗어나지 못하고
통곡의 눈물만 흐르고 흐르는 밤들
방향도 잃었고 뜻도 모두 사그러들었다

파도의 물결은 물러난 만큼 다시 되돌아 오던데
꽃그늘 내리던 뜨락을 아무리 서성거려도
한 번 떠나버린 인연의 아픈 장면은
어쩔 수 없이 되돌리지 못하는구려

해맑은 향기가 따라오라 손짓하니
부용꽃보다 붉은 그리움으로
옥비녀 다시 꽂고 꽃불을 들고 나서는 길
하얀 나비 한 마리 나풀대며 흐르네

바위솔이 있는 풍경

가을볕 따스하게 내려앉는 날이면
전천을 타고 흐르는 하얀 구름 부드럽고
정성 들여 가꾼 정원에서 살짝 웃는 바위솔

그리움 송이들 조용히 맺혀
자그마하게 솟아오르는 발돋움
잔잔한 노래처럼 퍼져가는 꿈길을 간다

소박한 가슴 품었던 유년에서
철들며 견뎌온 시린 날들 전천에 흘려보내고
바위솔 웃음 속에 숨어 사는 나날

인정이야 어디 바닥이 나겠는가
내 안에서 일어서는 마음 한 자락이
가을 꽃불처럼 붉고
따스하게 밝힌다

나의 길 속에서

가고 또 가도 막막한 길
힘겹게 걸어왔지만
뒤돌아보면 웃음이 나는
영혼의 수평선을 따라가는 발자국

낮과 밤의 부드러운 변화 속에서
바닥으로만 치닫는 희망의 빛줄기
도무지 열릴 줄 모르던
철옹성 같은 저 문도 사실은
반짝이는 너의 눈물 한 방울로 열리는 것을

의심하고 다시 의심을 간절하게 하면
보이지 않음이 새롭게 다시 보인다
마음을 빚는 아름다운 색들 속에서
그저 스쳐 지나간 그 길 속에서
그대는 나를 오랫동안 들여다보고 있었다

부드럽게 흐르는 물처럼

밤마다 수많은 별들 떨어져 내려도
그 빛을 다 받아들이며 흐른다
해가 뜨고 반짝이는 햇살마저도
남김없이 사랑의 노래로 품어 버린다
재잘거리며 교정을 휘젓는 학생들
반짝이는 눈빛들 또한 다독이며 지나간다

때로는 투박한 인품으로 몰아치고
때로는 깊은 물살처럼 빠르게 흐른다
부드러움 속에서도 제 본성을 지키며
자연스러운 몸짓으로 바다로 향한다
스스로 깊어지고 나서야 조용해진다

청정함이 찾아든 것도 아마 그 즈음일 것이다
더 이상 날을 세우지 않아도 된다
남들의 시선에 이젠 흔들리지 않으니까
최고가 되려는 발자국 찍지 않으리라
나아가야 할 길 경계의 끝까지 가는 것
넘어선다는 것은 닿는다는 것과는 다르다

가본 사람들은 안다
경계가 사실은 무의미함을
다름을 인정하면 될 일이었을지도 모르겠다
분별심을 가장한 비교가 난무하는 세상
밤과 낮이 엄연히 존재하고 그 속성도 다른데
무엇을 가지고 어떤 잣대로 비교를 하려는지
하지만 어떤 두려움도 품지 않고 새길을 택한다

높은 산처럼 우뚝 서려고 하지 않는다
그렇다고 훨훨 날아가는 새들처럼
영원한 자유를 애써 갈망하지 않으리라
흐르는 부드러운 물의 속성 닮아가며
닿아야 한다면 닿은 그곳에서 다시 흐르리라
흐르고 변화하는 물은 어쩌면 내 삶의 한 부분과 같으니
깊어지기 위해 흐르지 않고 노래하기 위해 흐르지 않는다
물의 속성처럼 이야기를 가슴에 담으며 흐르리라

지나가버린

지나가면 그저
지나가나보다 했습니다

지나고 나면
다시는 만날 수 없다는 것도 모르고

근심 없는 무심한 마음에
그리움의 그림자조차 피하지 못했습니다

이제사 돌아오라고
다시 돌아오라 소리도 치지 못합니다

돌이켜보니 앙금처럼 뽀얗게 남은
그리움만 쌓여있을 뿐입니다

가야할 곳

흐트러지고 서성거리다가
아직도 잡지 못하는 제자리
언제나 바람처럼 흔들리지만
닿아야 할 근원은 어디일까

물소리 따라 그대가 흘러가고
눈길 닿는 곳을 따라 그대 향해 걸어보기도 하고
가지 말아야 할 곳이라 하면서도 가 보고
빈손으로 가는 길마다 무언가를 들고 있는 부질없음

닿아야 할 곳이라고 생각한 그곳이
어느새 닿고 보니 새롭게 떠나야 할 곳
머물고 떠남에 누구의 허락은 필요치 않다

다만 무엇을 보고
무엇을 하려고 하는가
그 마음의 창만 들여다보고 가자

관점

서로의 위치가 달랐어
바라보는 위치도 달랐지
그러니 생각도 달라지는 거야

하나의 생각과 틀만 가진다면
세상의 변화는 있을 수가 없어
그곳에서부터 창조의 첫걸음이 시작되지

그대가 가진 관점이 남과 다르다고
머뭇거리거나 이상하게 생각하지 말자
그대가 스스로를 드러내는 첫 걸음이 되니까

꽃은 지고

꽃은 지고 있는데
벽이 벽 안으로 들어선다

누구를 좋아한다는 게
그저 어느 날 마음에 들어서버렸다

몰랐어 아무런 관심도 없었는데
찬찬히 정이 들어버린 시간들

그대에게 밀리고 채이고
그러다 다 놓쳐버린 내 맘속에

어느새 슬그머니 파고드는 그대의 영상
이러면 안 돼 하는 마음에도 끌려들어 가고 말지

진달래처럼 붉은 그 마음도 전해받으며
은근한 눈빛을 그저 인정하고 마는 날이 온다

두견새야

새야 새야 두견새야
뒷산에서 밤새워 우는 새야
무엇이 그리도 서글퍼서
울고 또 우는 것이냐
두견새야
길고 긴 겨우내 그리움 녹고 녹아
흘러내리는 저 강물 따라
달빛은 환하게 날 비추고 있어도
고개 넘어 한 번 떠나간 내 님은 소식도 없는데

새야 새야 두견새야
온기로 가득한 봄밤 가득 채워 우는 두견새야
눈물 그득 찰랑거리는 이 밤 다 지새우고 나서도
아직 꽃망울 터트리지 못하고 망설이는
복사꽃 부드럽게 떨고 있구나
한 번 봉긋한 꽃망울 터트리고 나면
누군가 복사꽃 환한 길 따라 떠날 것을 알기에
너는 그리움의 노래 부르고 있구나

새야 새야 두견새야
사랑 찾아 희망의 씨앗 뿌리는 두견새야
눈물꽃 피어날 때마다 목이 쉬도록
내 가슴 속에서 지우지 못할 노래를 부르는 두견새야

목련 꽃 피네

누굴까 그 눈빛
등 뒤가 너무나 간지럽다

열기는 딱히 아닌데
그냥 따스함이 건너온다

주위를 서성거리는 저 허술함과
새콤달콤한 봄날이 곁으로 왔는데

조금씩 진한 물감으로 채색하며
귀여운 단발머리처럼 순수한 웃음을 짓는 너

잠시 그대가 그어버린 하얀 선 끝에
아름아름 아릿한 어지럼증으로 피어오르는 아지랑이

따스한 바람이 벗겨버린 긴 겨울 상투
사그라들던 잔설 아직도 남아 있는데

반짝이는 눈송이 틈새로 번쩍뜨는 눈
상큼한 너의 웃음이 향기로 다가선다

겨울 사랑의 노래

먼지처럼 작은 티끌도 세상을 향해
저마다 아름다운 빛으로 산란하면서
반짝이는 햇살 받아 이 겨울 뜨겁게 이겨내라는
새로운 희망의 문 활짝 열고
엄동의 대지 위에서 사랑의 노래 부릅니다

엉성하고 무심한 겨울 촘촘히 바느질하는 날
새로운 떨림의 시간
겨울 사랑의 노래가 울려 퍼집니다
삶의 행간 속에서 마음먹은 생각과 관계없이 출렁거려도
바람이 전하는 다정한 선율 나를 울리고 마네요

떠나려는 겨울 아쉬워 무수히 날리는
꽃잎 같은 눈송이를 바라보며
쌓여가는 하얀 사랑의 노래를 들어요

가을바다

짙은 그늘 푸른 기다림이 늘어지면
뎅그렁 연록으로 반짝이는 여린 풍경소리
아주 얇게 말라버린 꽃잎처럼 어색한 날
조금만 숨아달라는 너의 표정을 바라보며
늘 뒤집어지는 파도처럼 넘어섬의 후련함 뒤에 남는 아쉬움

별것 아니라는 흔적들은 그렇게 파도 속에 쓸려가고
가슴에 번져가는 파문의 동심원 커져만 간다
담담한 애절함이 남기고 가는 애틋한 너의 뒷태
불쑥 쏟아내고 간 독백 파도소리처럼 철썩거리는 밤

어떤 평계도 없이 묵직하게 나를 눌러오는 바다
글썽임 다독여주지 않는 나의 무력함을 앞에 두고
먹먹한 침묵 속에 오래도록 가두어 두었는지
시월의 바닷가에는 쓸쓸함만 하릴없이 밀려든다

일출

파랑새 한 마리의 노래 아침 마당을 쓸고 있다
어둠의 틈 비집고 들어가려는 빛은
길을 잃은 여행자가
희망을 찾아 헤매며 바다 깊은 곳으로부터
수평선 저편에서 태양을 한순간 빚어 올리는 풍경
한순간도 같은 표정 짓지 않는다

늘 마주하는 아침도 같다고 느껴본 적이 없었다
새롭다는 것과 다르다는 것의 차이는
한 방울의 물과 그 물이 흘러가며 흐르는
강의 차이처럼 확실하게 다르다 설명 필요하지 않았다
실룩거리며 입술 놀릴 필요조차 없이
다가서는 바람의 이야기

눈 찌푸리다가 움찔거리며 정면을 응시한다
하지만 금방 까맣게 변해버리는 나의 망막
빛을 이겨내는 고요한 물결처럼 존재할 수 없어
한동안은 눈을 제대로 뜰 수 없는 신세가 된다

문장이 문장을 뚫고 들어가듯

그 짧은 순간 길어지면서
어느새 두둥실 떠오르는 저 붉은 해를 보라
대다수의 수군거리는 이야기들
내 귓가에 들리기 전에 사라지고
고개조차 돌리지 않는 기운이 그 자리를 대신한다
가늠할 수 없는 언덕 너머의 일들
다시는 떠오르지 않도록 마음의 수면에 가라앉는다

어제 저녁의 낙조는
마지막 장면을 장식하는 고요한 파도처럼
편애의 눈길 머물러도
그것은 결국 내 맘의 흔적에 불과하였다
물음표 따위는 이미 어둠에 묻혀 사라져 버렸고
궁금증 일더라도 미동하지 않고 입 꽉 다물고 버틴다
한번 집어삼킨 것은 떠돌아도 반드시 내게 돌아와
시선은 한 번 머물렀던 곳에서
그 자리를 떠날 수 없다

무채색으로 변해버린 캔버스 둥근 흔적의 색조가
서두르는 발걸음처럼 가슴을 푸르게 드러낼 때,

흔들리는 눈빛 가진 자는 폭군이 될 수 없다
고독한 시간 지나고 나서야 선명한 눈빛을 가질 수 있다
착시로 일어나는 현상이 아니라는 것쯤은 알기 때문에
다시금 타오르려는 동력 속에 불꽃이 이글거린다
착각도 아니고 이제 막 타오르려는 역동의 순간이다

첫눈

찬 바람 부는 텅 빈 들길을
눈꽃처럼 품에 가득 안고 돌아오는 발걸음

그 웃음은 햇살처럼 화사해
빈 산 가득 꽃밭처럼 피어나는 함박웃음

텅 비어버린 화폭 위에
새하얗게 반짝이는 눈송이들이
물들이는 고운 밤

흔들린다

견딜 수 없는 뜨거움
부드럽게 감싸는 날들
그러다 보면 흔들린다

나도 모르게
살아가는 게 뭐지
왜 이렇게
나만 좋자고 그런 것이 아닌데
왜 이럴까
내 존재는 어디로 사라져버리고
빈 껍데기로 남은 내가 흔들린다

차가운 겨울 바람처럼
운명의 시간
부드럽게 밀어내며 지나가는 아픈 이별
너와 함께 웃고 떠들던 그때
햇살처럼 반짝이던 순간이 아련하게 남았는데

사랑하고 사람을 믿는다는 건 어쩌면
누군가를 조용히 응원하는 것일지도 몰라

그래도 현실과 마주할 때마다
새로운 책임을 만나면 또 흔들린다

이젠 그만 바라보던 눈빛 떨구고 떠나야겠다
목련처럼 순수한 웃음 비에 젖고 있다

순간을 위하여

어설픈 웃음 멈춘 자리
다시 이어줄 말은 떠오르지 않는다

달콤함과 달콤함 사이가 어긋나는 순간
깊어지는 답답함은 구름처럼 떠다니고
침묵만 바람처럼 스쳐 간다

서로의 시선 받쳐주고 있는 어색한 공기 속에
느릿하게 흘러가는 신비한 감정들 별빛처럼 흩어진다

자신의 어리석음 깨닫고 나서야
새벽의 이슬처럼
맑은 눈 다시 찾게 되는 날들

구분을 벗어던지고 찾아가는 길
가을바람처럼
어렵게 왔다가 참 쉽게 떠나간다

시간의 모래성처럼
미뤄두었던 어제를 꺼내 들고 다시 살펴보아도

지금이 아니라면 다시는 이룰 수 없는 일들

한 송이 꽃 피어나듯
떨리는 가슴 진정시키며 아쉬움 안고
다시 이어지는 순간을 향해 나아간다

꽃잎으로 흘러

햇살처럼 환한 날에
민들레가 피었는가
더 가까이 다가가려 하지만
아득한 바람 속에 숨은 마음들

꽃이 향기를 품은 뜻은
그대 마음에 담긴 나의 마음
멀리서 보낸 작은 엽서의 흔적처럼
꽃잎 한 장 그대에게 띄운다

오래도록 변하지 않는 붉음은
검붉은 장미 뿌리처럼 깊고
눈부신 하늘 아래 더욱 고와
그리운 바다에서 믿음의 썰물로 밀려간다

수평선을 활강하는 갈매기처럼
우리 오래도록 사랑했으니
밤하늘 수놓는 작은 별빛들처럼
영원히 반짝일 아름다운 사랑이여

초록으로 물들어가는 청춘의 계절
붉은 노을 품은 하늘을 껴안고
조금씩 가벼워진 마음자리가
하얀 나비처럼 날아간다

경포호수에 잠긴 산 그림자
변화하는 세상 그리움 품고
꽃잎으로 흐르며 내일을 향해
새로운 길 걸어가리라

오월, 희망이 피어나는 자리에서

백양나무 가지 끝
햇살 한 줄기에도 마음 젖는 계절
오월입니다

바람은 기도처럼 조용히 불고
잊고 지낸 그리움들
라일락 향기에 실려 돌아옵니다

봄은
세상이 내게 다시 말을 걸기 시작하는 시간
닫혀 있던 마음의 창
조심스레 두드리는 희망의 손끝이죠

나는 물구나무 선 시간의 구석에 앉아
작은 꽃잎 하나 꺼내 써 내려갑니다
너에게 닿지 않아도 괜찮다고
봄은 그 자체로 충분하니까요

햇살 부드럽게 내려앉고
연초록 감정 땅 위에 고요히 번집니다
행복은 언제나
그렇게 조용히 피어나는 것

한쪽 창 열어 둔 오후
너는 빛으로 내 곁에 머물어
꽃이 되고픈 마음 눈송이처럼 피어나고
별이 되고픈 마음 밤을 물들입니다

오월
이 고요한 언덕 위에서
희망은 아무 말 없이
우리 마음 가장 깊은 곳을 두드립니다

호수에 서서

부드러운 호흡
달빛처럼 은은하게 흘리면
단풍 빛 붉게 물든 호수는 조용히 속삭인다

길 위에 서 있다면
어느새 길마저 사라져 버리고
길 밖에서 가만히 바라보면
길 위에 흐르는 제 모습도 모두 잊어 버린다

소리에 흔들리지 않고
온몸의 기감 활짝 열어두면
비어 있는 자리를 채우는 바람 한 점

세상 바라보는 눈 달라지면
세상은 나에게 새로운 얼굴 내비치고
이전의 나로는 돌아갈 수 없다

가을이 진다

고요함의 눈길이 기다림 끝에서
늘 푸르기만 하던 낙엽에 닿았다
새로움 번지며 물이 드는 것이다

천천히 흔들리는 햇살 타고
붉음으로 물들어가고 있는 숲
사랑도 때가 되어서야 반짝이는걸

빠름으로 풀어내려 하지 말고
그저 순리를 따라가면
그대의 마음도 거침없이 내달리는 바람에 닿으리라

짙은 치장 벗어던지는 먼 풍경들
스며드는 바람의 찬 기운 받아들이며
또다시 기나긴 겨울을 웅크리며 맞이하고 있다

목련차 한잔

지난해 갈무리해 둔
봄을 꺼낸다

찬물에 깨끗이 씻어
뜨거운 다관에 담은
목련 한 송이 꿈처럼 일어선다

뜨거운 기운 속에서
꽃잎을 마치 첫사랑처럼 활짝 펴면
그대 마음에 다시 눈 뜨는 봄

꽃의 시간 꿈처럼 흐르면
뜨거운 그대의 혈관을 타고
은은한 향기 스며든다

후기(後記)

낡음을 정리해야 할 시간이 왔다
예전엔 그것이 터무니없는 말이라 여겼지만
희망을 향해 이제 막 발을 내디디고 다시 출항을 하기위해
오늘의 바람이 이미 스치고 지나가 버렸다

그런데도 부질없는 몸짓 반복하는 건
자신의 흔적을 지우지 않으려는 외로운 노력
비탈에 선 나무들처럼 뿌리 깊지 않으면
언제든 그 자리를 떠나지 못할까 두려운 마음
수레바퀴에 갇히지 않기 위해 싸운다

남대천 물결이 다시 풀려 흐르고
초록빛으로 물들어갈 대지는
모든 숨결 모아 새 생명을 기다린다

새로운 봄을 맞은 푸른 바다
젊음의 향기 그득한 그곳에서
먼 곳으로 떠나는 연락선을 눈빛으로 붙잡는다

말 줄이고
침묵 속에서 한 곳을 바라봐야 한다
그리움 품은 눈빛으로
오늘 바라보는 하늘은
저리도 서럽도록 푸르다

이종완 제 2시집

목련 꽃 피네

2025년 9월 02일 인쇄
2025년 9월 03일 발행

지은이 / 이종완
발행인 / 홍명수
발행처 / 성원인쇄문화사

25572 강원특별자치도 강릉시 성덕포남로 188
Tel (033)652-6375 / Fax (033)652-1228
E-mail 6526375@naver.com

값 13,000원

ISBN 979-11-92224-59-6

- 저작권법에 의해 보호받는 저작물이므로 저자와 출판사의 동의 없이 내용의 일부를 인용하거나 발췌하는 것을 금합니다.
- 파손된 책은 구입처에서 교환해 드립니다.